# KSIĄŻKA KUCHARSKA SÓL, TŁUSZCZ, KWAS, CIEPŁO

Od przyprawienia do przysmażenia – odkryj moc czterech żywiołów w 100 pysznych daniach

Sandra Sadowska

Prawa autorskie ©2024

Wszelkie prawa zastrzeżone

Żadna część tej książki nie może być wykorzystywana ani rozpowszechniana w jakiejkolwiek formie i w jakikolwiek sposób bez odpowiedniej pisemnej zgody wydawcy i właściciela praw autorskich, z wyjątkiem krótkich cytatów użytych w recenzji. Niniejsza książka nie powinna być traktowana jako substytut porady lekarskiej, prawnej lub innej porady zawodowej.

# SPIS TREŚCI

**SPIS TREŚCI** .................................................................. **3**
**WSTĘP** ........................................................................ **6**
**SAŁATKI** ...................................................................... **7**
   1. Jasna surówka z kapusty ........................................... 8
   2. Wietnamska sałatka z ogórków ................................. 10
   3. Sałatka z ogolonej marchwi z imbirem i limonką ......... 12
   4. Ogolony koper i rzodkiewki ...................................... 14
   5. Letnia sałatka z pomidorów i ziół .............................. 16
   6. Pomidor, bazylia i ogórek ........................................ 18
   7. Pieczona dynia, szałwia i orzech laskowy ................. 20
   8. Pieczony Rzodkiewka i Roquefort ............................ 23
   9. Szparagi i Feta z Miętą ........................................... 26
**WARZYWA** ................................................................ **28**
   10. Konfitura z pomidorów wiśniowych ......................... 29
   11. Groszek Snap z chilli i miętą .................................. 31
   12. Czosnkowa fasolka szparagowa .............................. 33
   13. Kabaczka i brukselka w Agrodolcach ...................... 35
   14. Pikantny Brokuł Rabe z Ricottą Salata ................... 38
   15. Grill i karczochy ................................................... 41
**BULIONY I ZUPY** ...................................................... **44**
   16. Wywar z Kurczaka ................................................ 45
   17. Stracciatella rzymska zupa jajeczna ....................... 47
   18. Toskańska zupa z fasoli i jarmużu .......................... 49
   19. Jedwabista zupa ze słodkiej kukurydzy ................... 52
**FASOLA, ZIARNA I MAKARON** ................................. **55**
   20. Ryż perski ........................................................... 56
   21. Makaron Cacio e Pepe .......................................... 59
   22. Makaron na Pomarola ........................................... 61
   23. Makaron z Brokułami i Bułką Chlebową .................. 64
   24. Makaron do Ragu ................................................. 67
   25. Pasta na Małże Makaron z Małżami ....................... 70
**RYBA** ....................................................................... **73**
   26. Łosoś wolno pieczony ........................................... 74
   27. Ryba w Piwie ....................................................... 76
   28. Konfitura z tuńczyka ............................................. 79
**KURCZAK I JAJKA** ................................................... **82**
   29. Najbardziej chrupiący kurczak z przekąskami .......... 83
   30. Kuku Sabzi Perskie zioła i warzywa Frittata ............ 85

31. Pikantny smażony kurczak ..................................................................89
32. Ciasto z Kurczaka ............................................................................92
33. Konfit z kurczaka .............................................................................96
34. Kurczak smażony na patelni z lizaniem palców ..........................99
35. Kurczak wędzony w szałwii i miodzie ........................................102
36. Zupa z Kurczakiem i Czosnkiem .................................................105
37. Kurczak Adas Polo o Morgh z ryżem z soczewicą ....................108
38. Kurczak z Octem ..............................................................................111
39. Glazurowany kurczak w pięciu smakach .................................114
40. Pieczony kurczak marynowany w maślance ...........................117
41. Sycylijska Sałatka z Kurczakiem .................................................120

## MIĘSO .................................................................................................. 122
42. Pikantna Marynowana Pierś z Indyka .......................................123
43. Wieprzowina Duszona z Chili .....................................................126
44. Kufte Kebaby ...................................................................................129

## SOSY .................................................................................................... 132
45. Podstawowa sos Zielony ..............................................................133
46. Smażona szałwia Sos Zielony .....................................................135
47. Klasyczna francuska sos ziołowa ...............................................137
48. Meksykańska sos ziołowa .............................................................139
49. Sos ziołowa w stylu Azji Południowo-Wschodniej .................141
50. Sos ziołowa w stylu japońskim ...................................................143
51. Sos cytrynowa Meyera ..................................................................145
52. Charmoula z Afryki Północnej ....................................................147
53. Indyjski chutney kokosowo-kolendrowy .................................149
54. Salmoriglio Sos z sycylijskiego oregano ..................................151
55. Jogurt ziołowy ................................................................................153
56. Perski jogurt ziołowo-ogórkowy ................................................155
57. Borani Esfenaj Perski jogurt szpinakowy .................................157
58. Jogurt z buraków perskich Mast-o-Laboo ...............................159
59. Podstawowy majonez ..................................................................161
60. Klasyczny majonez kanapkowy ..................................................163
61. Majonez czosnkowy Aïoli .............................................................165
62. Majonez ziołowy ............................................................................167
63. Majonez pieprzowy Rouille .........................................................169
64. Sos tatarski ......................................................................................171
65. Podstawowa pasta pieprzowa ...................................................174
66. Sos pieprzowy Harissa z Afryki Północnej ................................176
67. Krem z pieprzu Muhammara i orzechów włoskich ..............178
68. Pesto z bazylii .................................................................................180
69. Kandyzowany chutney owocowy .............................................182
70. Słodko-kwaśny chutney z papai ................................................184
71. Chutney z pigwy z przyprawionym kardamonem ...............186

## OPURATKI ........................................................................ 188
72. Winegret z czerwonego wina ............................................. 189
73. Ocet balsamiczny ........................................................... 191
74. Winegret cytrynowy ....................................................... 193
75. Winegret limonkowy ...................................................... 195
76. Winegret Pomidorowy .................................................... 197
77. Winegret z winem ryżowym ............................................. 199
78. Ubieranie się do salatki Cezara ......................................... 201
79. Kremowy ubieranie się ziołowy ........................................ 203
80. Sos z sera pleśniowego .................................................... 205
81. Ubiór Zielonej Bogini ..................................................... 207
82. Sos Tahini ..................................................................... 209
83. Sos Miso-Musztardowy ................................................... 211
84. Ubieranie się Orzechowo-Limonkowy ............................... 213

## CIASTO ............................................................................ 215
85. Ciasto na ciasto maślane ................................................. 216
86. Tarta Ciasto .................................................................. 219

## SŁODYCZE I DESERY ...................................................... 222
87. Granola z oliwy z oliwek i soli morskiej ............................ 223
88. Klasyczna szarlotka ....................................................... 226
89. klasyczne ciasto dyniowe ................................................ 229
90. Lekkie i kruche ciasteczka maślane .................................. 232
91. Tarta Jabłkowa i Frangipane ............................................ 235
92. Wyciśnij sok i zrób granitę .............................................. 239
93. Ciasto czekoladowe o północy ......................................... 241
94. Ciasto ze świeżym imbirem i melasą ................................ 244
95. Ciasto herbaciane z migdałami i kardamonem .................. 247
96. Budyń Gorzkiej Czekoladki ............................................. 250
97. Panna Cotta na maślance ................................................ 253
98. Bezy Marshmallow ........................................................ 255
99. Pachnący krem .............................................................. 258
100. słony sos karmelowy .................................................... 260

## WNIOSEK ........................................................................ 262

# WSTĘP

Witamy w „Książce kucharskiej „Sól, tłuszcz, kwas i ciepło: od przyprawiania do smażenia – odkryj moc czterech żywiołów w 100 pysznych daniach". W świecie gotowania opanowanie równowagi soli, tłuszczu, kwasu i ciepła jest kluczem do tworzenia potraw, które są nie tylko dobre, ale naprawdę wyjątkowe. Zainspirowana zasadami opisanymi w uznanej książce Samina Nosrata, ta książka kucharska jest Twoim przewodnikiem, który pomoże uwolnić pełny potencjał tych czterech żywiołów i wynieść Twoje kulinarne kreacje na nowy poziom.

Sól, tłuszcz, kwas i ciepło są budulcem smaku, tekstury i równowagi w gotowaniu. W tej książce kucharskiej zagłębiamy się w każdy element, badając jego rolę we wzmacnianiu składników, rozwijaniu złożonych smaków i tworzeniu niezapomnianych potraw. Niezależnie od tego, czy doprawiasz szczyptą soli, rozdrabniasz tłuszcz, aby uzyskać idealną konsystencję, równoważysz kwasowość w celu uzyskania jasności, czy też podgrzewasz w celu karmelizacji i głębi smaku, nauczysz się, jak władać tymi elementami z precyzją i pewnością.

Każdy przepis w tej książce kucharskiej został starannie opracowany, aby pokazać przekształcającą moc soli, tłuszczu, kwasu i ciepła. Od prostych sałatek i pożywnych dań głównych po dekadenckie desery i wszystko pomiędzy, znajdziesz różnorodny wybór dań, które celebrują magię tych czterech niezbędnych elementów. Szczegółowe instrukcje, pomocne wskazówki i wspaniałe zdjęcia zainspirują Cię do eksperymentowania, wprowadzania innowacji i tworzenia własnych kulinarnych arcydzieł.

Niezależnie od tego, czy jesteś początkującym kucharzem, który pragnie nauczyć się podstaw smaku, czy doświadczonym szefem kuchni, który chce udoskonalić swoje umiejętności, „Książka kucharska o soli, tłuszczu, kwasie i na ciepło" oferuje coś dla każdego. Niech ta książka kucharska będzie Twoim towarzyszem podczas podróży po kuchni, odkrywając magię soli, tłuszczu, kwasu i ciepła w każdym pysznym kęsie.

# SAŁATKI

# 1. Jasna surówka z kapusty

**SKŁADNIKI:**

- 1/2 średniej główki czerwonej lub zielonej kapusty (około 1 1/2 funta)
- 1/2 małej czerwonej cebuli, pokrojonej w cienkie plasterki
- 1/4 szklanki soku z cytryny
- Sól
- 1/2 szklanki grubo posiekanych liści pietruszki
- 3 łyżki czerwonego octu winnego
- 6 łyżek oliwy z oliwek extra virgin

**INSTRUKCJE:**

a) Przekrój kapustę przez rdzeń. Za pomocą ostrego noża wytnij rdzeń pod kątem. Kapustę pokroić w poprzek i umieścić na durszlaku umieszczonym w dużej misce sałatkowej. Dopraw dwiema solidnymi szczyptami soli, aby odsączyć wodę, wrzuć plasterki i odłóż na bok.

b) W małej misce wymieszaj pokrojoną cebulę z sokiem z cytryny i odstaw na 20 minut, aby zmacerowała. Odłożyć na bok.

c) Po 20 minutach odlej całą wodę, którą wypuściła kapusta (nie ma nic do odsączenia – czasami kapusta nie jest zbyt wodnista). Do miski włóż kapustę, dodaj natkę pietruszki i zmacerowaną cebulę (ale jeszcze nie sok z cytryny). Zalać sałatkę octem i oliwą z oliwek. Bardzo dobrze wymieszaj, aby połączyć.

d) Posmakuj i dopraw, dodając w razie potrzeby pozostały sok z macerującej cytryny i sól. Kiedy podniebienie zabrzmi z przyjemności, danie jest gotowe. Podawać schłodzone lub w temperaturze pokojowej.

e) Resztę sałatki przechowuj pod przykryciem w lodówce do dwóch dni.

## 2. Wietnamska sałatka z ogórków

**SKŁADNIKI:**
- 2 funty (około 8) ogórków perskich lub japońskich, obranych w paski
- 1 duże papryczki jalapeno, w razie potrzeby usunięte nasiona i żyłki, pokrojone w cienkie plasterki
- 3 szalotki, drobno pokrojone
- 1 ząbek czosnku, drobno starty lub roztarty ze szczyptą soli
- 1/2 szklanki grubo posiekanych liści kolendry
- 16 dużych liści mięty, grubo posiekanych
- 1/2 szklanki prażonych orzeszków ziemnych, grubo posiekanych
- 1/4 szklanki oleju o neutralnym smaku
- 4 do 5 łyżek soku z limonki
- 4 łyżeczki sezonowanego octu winnego ryżowego
- 1 łyżka sosu rybnego
- 1 łyżeczka cukru
- Szczypta soli

**INSTRUKCJE:**
a) Za pomocą japońskiej mandoliny lub ostrego noża pokrój ogórki w cienkie monety, odrzucając końcówki.
b) W dużej misce połącz ogórki, papryczki jalapeno, szalotki, czosnek, kolendrę, miętę i orzeszki ziemne.
c) W małej misce wymieszaj olej, 4 łyżki soku z limonki, ocet, sos rybny, cukier i małą szczyptę soli.
d) Posmaruj sałatkę winegretem i wymieszaj. Spróbuj i dopraw solą i sokiem z limonki, jeśli to konieczne.
e) Natychmiast podawaj.

### 3. Sałatka z ogolonej marchwi z imbirem i limonką

**SKŁADNIKI:**
- 1 1/4 szklanki złotych lub czarnych rodzynek
- 1 łyżka nasion kminku
- 2 funty marchewki
- 4 łyżeczki drobno startego imbiru
- 1 ząbek czosnku, drobno starty lub roztarty ze szczyptą soli
- 1 do 2 dużych papryczek jalapeno, w razie potrzeby usuniętych nasion i żyłek, posiekanych
- 2 szklanki grubo posiekanych liści kolendry i delikatnych łodyg, plus kilka gałązek do dekoracji
- Sól
- Winegret limonkowy

**INSTRUKCJE:**
a) W małej misce zanurz rodzynki we wrzącej wodzie. Pozostaw je na 15 minut, aby nawilżyły się i nabrały objętości. Odcedź i odłóż na bok.
b) Umieść nasiona kminku na małej, suchej patelni i postaw na średnim ogniu. Stale obracaj patelnię, aby zapewnić równomierne opiekanie. Tostuj, aż kilka pierwszych nasion zacznie pękać i wydzielać pikantny aromat, około 3 minuty. Zdjąć z ognia. Natychmiast wrzuć nasiona do miski moździerza lub młynka do przypraw. Zmiel drobno ze szczyptą soli. Odłożyć na bok.
c) Obierz i obierz marchewki. Używając japońskiej mandoliny lub ostrego noża, cienko pokrój marchewki wzdłuż. Za pomocą ostrego noża pokrój plasterki w zapałki. Jeśli wydaje się to zbyt kłopotliwe, możesz użyć obieraczki do warzyw, aby zrobić cienkie wstążki lub po prostu pokroić marchewkę w cienkie monety.
d) Połącz marchewkę, imbir, czosnek, jalapeño, kolendrę, kminek i rodzynki w dużej misce. Dopraw trzema solidnymi szczyptami soli i polej limonkowym winegretem. Spróbuj i dopraw solą i sokiem z limonki, jeśli to konieczne. Sałatkę wkładamy do lodówki na 30 minut, aby smaki się połączyły. Przed podaniem wymieszaj, aby rozprowadzić przyprawy, ułóż na dużym talerzu i udekoruj kilkoma gałązkami kolendry.

## 4.Ogolony Koper I Rzodkiewki

**SKŁADNIKI:**
- 3 średnie cebule kopru włoskiego (około 1 1/2 funta)
- 1 pęczek rzodkiewek, przyciętych i umytych (około 8 rzodkiewek)
- 1 szklanka liści pietruszki, luźno zapakowanych
- Opcjonalnie: 1-uncjowy kawałek parmezanu
- Sól
- Świeżo zmielony czarny pieprz
- Około 1/3 szklanki cytrynowego winegretu

**INSTRUKCJE:**
a) Przytnij koper włoski, usuwając łodygi i sam czubek dolnego końca, pozostawiając cebulkę nienaruszoną. Przekrój cebule przez korzeń i usuń wszelkie włókniste warstwy zewnętrzne.
b) Za pomocą japońskiej mandoliny lub ostrego noża pokrój bulwy kopru włoskiego w poprzek na cienkie jak papier plasterki, usuwając gniazda nasienne. Zarezerwuj wyrzucony koper włoski do innego użytku lub przemyć go do toskańskiej zupy jarmużowo-fasolowej. Pokrój rzodkiewki o włos grubszy, około 1/8 cala, odrzucając końcówki.
c) W dużej misce wymieszaj koper włoski, rzodkiewki i liście pietruszki. Jeśli używasz parmezanu, użyj obieraczki do warzyw, aby zetrzeć kawałki bezpośrednio do miski. Tuż przed podaniem dopraw dwiema solidnymi szczyptami soli i małą szczyptą pieprzu.
d) Sukienka z winegretem. Posmakuj i dopraw, w razie potrzeby dodając więcej soli i sosu winegret, a następnie ułóż na talerzu.
e) Natychmiast podawaj.

# 5.Letnia sałatka z pomidorów i ziół

## SKŁADNIKI:

- 2 do 3 mieszanych pomidorów, takich jak Marvel Stripe, Cherokee Purple lub Brandywine, wydrążonych i pokrojonych w 1/4-calowe plasterki
- Łuszcząca się sól
- Świeżo zmielony czarny pieprz
- 1 szklanka winegretu pomidorowego. Wskazówka: użyj rdzeni i końcowych plasterków pomidorów sałatkowych
- 1 litr pomidorków koktajlowych, opłukanych, pozbawionych łodyg i przekrojonych na pół
- 2 szklanki dowolnej kombinacji świeżo zebranych liści bazylii, pietruszki, hyzopu anyżowego, trybuli, estragonu lub 1-calowe kawałki szczypiorku

## INSTRUKCJE:

a) Tuż przed podaniem ułóż plasterki pomidora na talerzu w jednej warstwie i dopraw solą i pieprzem. Skropić lekko winegretem. W osobnej misce wymieszaj pomidorki cherry i obficie dopraw solą i pieprzem. Polać sosem winegret, posolić w razie potrzeby i ostrożnie ułożyć pomidorki koktajlowe na plasterkach pomidora.

b) Umieść świeże zioła w salaterce i delikatnie dopraw sosem winegret, solą i pieprzem do smaku. Połóż sałatkę ziołową na pomidorach i natychmiast podawaj.

## 6.Pomidor, bazylia i ogórek

## SKŁADNIKI:

- 1/2 średniej czerwonej cebuli, pokrojonej w cienkie plasterki
- 1 łyżka octu z czerwonego wina
- 4 szklanki podartych grzanek
- Podwójna porcja sosu pomidorowego
- 1 litr pomidorków koktajlowych, pozbawionych łodyg i przekrojonych na połówki
- 1 1/2 funta Early Girl lub innych aromatycznych małych pomidorów (około 8 pomidorów), wydrążonych i pokrojonych w kawałki wielkości kęsa
- 4 ogórki perskie, obrane w paski i pokrojone w 1/2-calowe plasterki
- 16 liści bazylii
- Łuszcząca się sól morska

## INSTRUKCJE:

a) W małej misce wymieszaj pokrojoną w plasterki cebulę z octem i odstaw na 20 minut, aby zmacerowała. Odłożyć na bok.
b) Połowę grzanek włóż do dużej salaterki i polej 1/2 szklanki sosu winegret. Na grzankach ułóż wiśniowe i krojone pomidory i dopraw solą, aby puściły część soku. Odstaw na około 10 minut.
c) Kontynuuj składanie sałatki: dodaj pozostałe grzanki, ogórki i macerowaną cebulę (ale jeszcze nie ocet). Porwij liście bazylii na duże kawałki. Dopraw kolejną 1/2 szklanki winegretu i posmakuj. Dopraw według potrzeb, dodając sól, winegret i/lub ocet macerujący do smaku. Wymieszać, spróbować jeszcze raz i podawać.
d) Resztki przechowuj w lodówce pod przykryciem maksymalnie przez jedną noc.

# 7.Pieczona dynia, szałwia i orzech laskowy

**SKŁADNIKI:**

- 1 pęczek jarmużu, najlepiej Lacinato, Cavolo Nero lub odmiany toskańskiej
- 1 duża dynia piżmowa (2 funty), obrana
- Oliwa z oliwek z pierwszego tłoczenia
- 1/2 średniej czerwonej cebuli, pokrojonej w cienkie plasterki
- 1 łyżka octu z czerwonego wina
- Podwójna porcja winegretu z brązowym masłem
- 4 szklanki podartych grzanek
- Około 2 szklanek oleju o neutralnym smaku
- 16 liści szałwii
- 3/4 szklanki orzechów laskowych, uprażonych i grubo posiekanych

**INSTRUKCJE:**

a) Rozgrzej piekarnik do 425°F. Blachę do pieczenia wyłóż ręcznikami papierowymi.
b) Rozbierz jarmuż. Chwyć jedną ręką za podstawę każdej łodygi, drugą ręką ściśnij łodygę i pociągnij do góry, aby usunąć liść. Wyrzuć łodygi lub zachowaj do innego użytku, np. toskańskiej zupy z fasoli i jarmużu. Liście pokroić w plasterki o grubości 1/2 cala. Odłożyć na bok.
c) Przekrój na pół, wypestkuj, pokrój i usmaż dynię piżmową. Odłożyć na bok.
d) Wrzuć pokrojoną w plasterki cebulę do małej miski, zalej octem i odstaw na 20 minut, aby zmacerowała. Odłożyć na bok.
e) Umieść połowę grzanek i jarmuż w dużej misce sałatkowej i polej 1/3 szklanki winegretu. Odstaw na 10 minut.
f) W międzyczasie podsmaż szałwię. Wlej cdoneutralnego oleju do małego garnka o grubym dnie i podgrzej go na średnim ogniu do temperatury 360°F. Jeśli nie masz termometru, po prostu sprawdź olej po kilku minutach, wrzucając liść szałwii. Gdy od razu zacznie skwierczeć, jest gotowe.
g) Partiami dodawaj liście szałwii. Pamiętaj, że na początku olej będzie mocno bulgotał, więc poczekaj, aż ostygnie, a następnie dodaj szałwię.
h) Po około 30 sekundach, gdy bąbelki opadną, wyjmij je z oleju łyżką cedzakową i rozprowadź szałwię na przygotowanej blasze. Pozostaw szałwię do wyschnięcia na przygotowanej blasze do pieczenia w jednej warstwie i posyp solą. Gdy ostygnie, stanie się chrupiące.
i) Do salaterki dodaj pozostałe grzanki, dynię, orzechy laskowe i zmacerowaną cebulę (ale jeszcze nie ocet). Pokruszyć w smażonej szałwii. Posmaruj pozostałym winegretem, wymieszaj i posmakuj. W razie potrzeby dopraw solą, olejem do smażenia szałwii i octem macerującym. Wymieszać, spróbować jeszcze raz i podawać.
j) Resztki przechowuj w lodówce pod przykryciem maksymalnie przez jedną noc.

# 8.Pieczony Rzodkiewka i Roquefort

**SKŁADNIKI:**

- 2 główki Rzodkiewka
- Oliwa z oliwek z pierwszego tłoczenia
- Sól
- 2 średnie żółte cebule, obrane
- 4 szklanki podartych grzanek
- Podwójna porcja winegretu z brązowym masłem
- 1/4 szklanki liści pietruszki, luzem
- 1 szklanka prażonych orzechów włoskich
- Grubo zmielony czarny pieprz
- 4 uncje sera Roquefort
- Ocet winny z czerwonego wina, w razie potrzeby do regulacji kwasu

**INSTRUKCJE:**
a) Rozgrzej piekarnik do 425°F.
b) Przekrój każdą główkę Rzodkiewka na pół przez koniec korzenia. Każdą połówkę pokroić na ćwiartki. Skropić obficie oliwą z oliwek, aby ją pokryć. Ostrożnie obchodząc się z kawałkami Rzodkiewka, rozłóż je w jednej warstwie na blasze do pieczenia, pozostawiając odstęp między każdym kawałkiem. Skropić większą ilością oliwy z oliwek i doprawić solą.
c) Przekrój cebulę na pół przez korzeń. Każdą połówkę przekrój na ćwiartki, co daje w sumie 8 kawałków. Skropić obficie oliwą z oliwek, aby ją pokryć. Ostrożnie obchodząc się z kawałkami cebuli, rozłóż je w jednej warstwie na blasze do pieczenia, pozostawiając odstęp między każdym kawałkiem. Skropić większą ilością oliwy z oliwek i doprawić solą.
d) Przygotowane warzywa włóż do nagrzanego piekarnika i gotuj, aż będą miękkie i karmelizowane, około 22 minut w przypadku Rzodkiewka i 28 minut w przypadku cebuli. Sprawdź stan warzyw po około 12 minutach. Obracaj patelnie i zmieniaj ich położenie, aby mieć pewność, że warzywa równomiernie się rumienią.
e) Połowę grzanek włóż do dużej salaterki i polej 1/3 szklanki sosu winegret. Odstaw na 10 minut.
f) Dodać pozostałe grzanki, Rzodkiewka, cebulę, natkę pietruszki, orzechy włoskie i czarny pieprz. Pokruszyć ser w dużych kawałkach. Udekoruj pozostałym winegretem i smakiem. Doprawiamy solą i w razie potrzeby niewielką ilością czerwonego octu winnego. Wymieszaj, posmakuj ponownie i podawaj w temperaturze pokojowej.
g) Resztki przechowuj w lodówce pod przykryciem maksymalnie przez jedną noc.

## 9.Szparagi i Feta z Miętą

## SKŁADNIKI:
- Sól
- 1/2 średniej czerwonej cebuli, pokrojonej w cienkie plasterki
- 1 łyżka octu z czerwonego wina
- 1 1/2 funta szparagów (około 2 pęczków), z usuniętymi zdrewniałymi końcówkami
- 4 szklanki podartych grzanek
- 24 duże liście mięty
- 3 uncje sera feta
- Podwójna porcja winegretu z czerwonego wina

## INSTRUKCJE:
a) Nastaw duży garnek z wodą i zagotuj na dużym ogniu. Dopraw solą, aż będzie smakować jak letnie morze. Dwie blachy do pieczenia wyłóż papierem pergaminowym. Odłożyć na bok.
b) Wrzuć pokrojoną w plasterki cebulę do małej miski, zalej octem i odstaw na 20 minut, aby zmacerowała. Odłożyć na bok.
c) Jeśli szparagi są grubsze niż ołówek, obierz je w paski, lekko naciskając obieraczką do warzyw, aby usunąć tylko zewnętrzną skórkę od około 1 cala poniżej kwiatu do podstawy. Pokrój szparagi na kawałki o długości 1 1/2 cala, ukośnie. Blanszuj szparagi we wrzącej wodzie, aż będą miękkie, około 3 1/2 minuty (mniej w przypadku cieńszych łodyg).
d) Spróbuj kawałka, aby sprawdzić, czy jest gotowy – w środku powinien naddomieć najsłabszą chrupkość. Odcedzić i pozostawić do ostygnięcia w jednej warstwie na przygotowanych blachach.
e) Połowę grzanek włóż do dużej salaterki i polej 1/3 szklanki sosu winegret. Odstaw na 10 minut.
f) Dodaj pozostałe grzanki, szparagi i macerowaną cebulę (ale jeszcze nie ocet). Porwij liście mięty na małe kawałki. Pokruszyć fetę w dużych kawałkach. Dopraw kolejną 1/3 szklanki winegretu, dopraw solą i spróbuj.
g) W razie potrzeby dopraw solą, winegretem i octem macerującym. Wymieszaj, posmakuj ponownie i podawaj w temperaturze pokojowej.
h) Resztki przechowuj w lodówce, pod przykryciem, do 1 nocy.

# WARZYWA

## 10. Konfitura z pomidorów wiśniowych

**SKŁADNIKI:**

- 4 szklanki pomidorków cherry, z łodygami (około 1 1/2 litra suszonych)
- Mała garść liści lub łodyg bazylii (łodygi są pełne smaku!)
- 4 ząbki czosnku, obrane
- Sól
- 2 szklanki oliwy z oliwek z pierwszego tłoczenia

**INSTRUKCJE:**

a) Rozgrzej piekarnik do 300°F.
b) Połóż pomidorki koktajlowe w jednej warstwie w płytkim naczyniu do pieczenia ustawionym na liściach i/lub łodygach bazylii oraz ząbkach czosnku. Zalać około 2 szklankami oliwy z oliwek. Chociaż pomidory nie muszą być całkowicie zanurzone, wszystkie powinny mieć kontakt z olejem. Dopraw je obficie solą, zamieszaj, a następnie włóż do piekarnika na około 35 do 40 minut. Naczynie w żadnym wypadku nie powinno się zagotować – wystarczy gotować na małym ogniu.
c) Gotowe poznasz, gdy będą miękkie w całości, po nakłuciu ich wykałaczką i zaczną pękać pierwsze skórki. Wyciągnij je z piekarnika i pozwól im trochę ostygnąć. Przed użyciem wyrzuć bazylię.
d) Podawać na ciepło lub w temperaturze pokojowej. Przechowuj pomidory w lodówce, w oleju, przez maksymalnie 5 dni.

## 11. Groszek Snap z chilli i miętą

**SKŁADNIKI:**
- Około 2 łyżek oliwy z oliwek z pierwszego tłoczenia
- 1 1/2 funta groszku cukrowego, przyciętego
- Sól
- 12 liści mięty, posiekanych w julienne
- Drobno starta skórka z 1 małej cytryny (około 1 łyżeczki)
- 1/2 łyżeczki płatków czerwonego chili

**INSTRUKCJE:**
a) Postaw dużą patelnię na dużym ogniu. Kiedy będzie już ciepło i ciepło, dodaj tyle oliwy z oliwek, aby ledwo pokryła dno patelni.
b) Gdy olej się zarumieni, dodać groszek cukrowy i doprawić solą.
c) Gotuj na dużym ogniu, smaż groszek, gdy zacznie się rumienić, aż będzie słodki, ale naddochrupiący, około 5 do 6 minut.
d) Zdejmij patelnię z ognia i dodaj miętę, skórkę z cytryny i płatki chili.
e) Posmakuj i w razie potrzeby dopraw solą. Natychmiast podawaj.

## 12.Czosnkowa fasolka szparagowa

**SKŁADNIKI:**
- 2 funty świeżej zielonej fasoli, żółtej fasoli woskowej, fasoli Romano lub fasoli szparagowej, przyciętej
- Sól
- 2 łyżki oliwy z oliwek extra virgin
- 3 ząbki czosnku, posiekane

**INSTRUKCJE:**
a) Postaw największą patelnię na średnim ogniu i zagotuj 1/2 szklanki wody.
b) Dodaj fasolkę szparagową, dopraw kilkoma solidnymi szczyptami soli i przykryj, zdejmując pokrywkę co około minutę, aby wymieszać fasolę.
c) Gdy będą już prawie całkowicie miękkie (około 4 minuty w przypadku fasoli szparagowej i 7 do 10 minut w przypadku fasoli bardziej dojrzałej), wylej pozostałą wodę z patelni, używając pokrywki, aby zatrzymać fasolę w niej. Włóż patelnię z powrotem do pieca, zwiększ płomień do wysokiego i wykop mały otwór na środku patelni. Do dołka wlać oliwę i dodać czosnek.
d) Pozwól czosnkowi delikatnie skwierczeć przez około 30 sekund, aż uwolni aromat, i natychmiast wymieszaj go z fasolą, zanim zdąży nabrać koloru. Zdjąć z ognia. Skosztuj, dopraw do smaku i natychmiast podawaj.

## 13. Kabaczka i brukselka w Agrodolcach

**SKŁADNIKI:**
- 1 duża dynia piżmowa (2 funty), obrana, przekrojona wzdłuż na pół, nasiona wyrzucone
- Oliwa z oliwek z pierwszego tłoczenia
- Sól
- 1 funt brukselki, przyciętej, z usuniętymi zewnętrznymi liśćmi
- 1/2 czerwonej cebuli, pokrojonej w cienkie plasterki
- 6 łyżek czerwonego octu winnego
- 1 łyżka cukru
- 3/4 łyżeczki płatków czerwonego chili
- 1 ząbek czosnku, drobno starty lub roztarty ze szczyptą soli
- 16 listków świeżej mięty

**INSTRUKCJE:**
a) Rozgrzej piekarnik do 425°F.
b) Pokrój każdą połówkę dyni w poprzek na półkola o grubości 1/2 cala i umieść w dużej misce. Wymieszaj z wystarczającą ilością oliwy z oliwek do pokrycia, około 3 łyżek stołowych. Doprawić solą i ułożyć w jednej warstwie na blasze do pieczenia.
c) Przekrój brukselkę przez łodygi, a następnie wrzuć do tej samej dużej miski, dodając więcej oliwy z oliwek, ile potrzeba do pokrycia. Doprawić solą i ułożyć w jednej warstwie na drugiej blasze do pieczenia.
d) Włóż dynię i kiełki do nagrzanego piekarnika i gotuj do miękkości i karmelizacji, około 26 do 30 minut. Sprawdź stan warzyw po około 12 minutach. Obracaj patelnie i zmieniaj ich położenie, aby zapewnić równomierne zarumienienie.
e) W międzyczasie w małej misce wymieszaj pokrojoną cebulę z octem i odstaw na 20 minut, aby zmacerowała. W innej małej misce wymieszaj kolejne 6 łyżek oliwy z oliwek z pierwszego tłoczenia, cukier, płatki chili, czosnek i szczyptę soli.
f) Gdy pieczone warzywa zrumienią się z zewnątrz i będą całkowicie miękkie po przekłuciu nożem, wyjmij je z piekarnika. Kiełki mogą ugotować się nieco szybciej niż dynia. Połącz warzywa w dużej misce. Zmacerowaną cebulę i ocet wymieszać z oliwą z oliwek, następnie zalać warzywa połową marynaty. Wymieszaj, posmakuj i w razie potrzeby dodaj więcej soli i marynaty. Udekoruj porwanymi listkami mięty i podawaj na ciepło lub w temperaturze pokojowej.

## 14. Pikantny Brokuł Rabe Z Ricottą Salata

**SKŁADNIKI:**

- 2 pęczki (około 2 funtów) brokułów, opłukane
- Oliwa z oliwek z pierwszego tłoczenia
- 1 średnia żółta cebula, pokrojona w cienkie plasterki
- Sól
- Duża szczypta płatków czerwonej papryki
- 3 ząbki czosnku, pokrojone w plasterki
- 1 cytryna
- 2 uncje sera ricotta salata, grubo startego

**INSTRUKCJE:**
a) Odetnij i wyrzuć zdrewniałe końcówki brokułów. Pokrój łodygi na 1/2-calowe kawałki, a liście na 1-calowe kawałki.
b) Ustaw duży holenderski piekarnik lub podobny garnek na średnim ogniu. Gdy będzie gorąco, dodaj 2 łyżki oliwy z oliwek, aby pokryć dno garnka. Gdy olej się zarumieni, dodać cebulę i szczyptę soli. Gotuj, mieszając od czasu do czasu, aż cebula będzie miękka i zacznie brązowieć, około 15 minut.
c) Zwiększ ogień do średniego, dodaj kolejną łyżkę oleju i brokuły do garnka i wymieszaj, aby połączyć. Doprawić solą i płatkami czerwonej papryki. Może być konieczne usypanie brokułów, aby się zmieściły, lub poczekaj, aż część się ugotuje, zanim dodasz resztę. Przykryj patelnię i gotuj, mieszając od czasu do czasu, aż brokuły będą miękkie, około 20 minut.
d) Zdejmij pokrywkę i zwiększ ogień do wysokiego. Niech brokuły zaczną się rumienić, a następnie drewnianą łyżką przesuwaj je po patelni. Kontynuuj gotowanie, aż wszystkie brokuły równomiernie się zarumienią, około 10 minut, a następnie przesuń wszystko na zewnętrzne krawędzie patelni. Dodaj łyżkę oliwy z oliwek na środek, następnie dodaj czosnek do oliwy i pozwól mu delikatnie skwierczeć przez około 20 sekund, aż zacznie wydzielać aromat. Zanim czosnek zacznie się rumienić, wymieszaj go z brokułami. Posmakuj i w razie potrzeby dopraw solą i płatkami czerwonej papryki. Zdejmij z ognia i wyciśnij sok z połowy cytryny na brokuły.
e) Wymieszaj, posmakuj i w razie potrzeby dodaj więcej soku z cytryny. Nałóż na półmisek i posyp grubo startą ricottą salata. Natychmiast podawaj.

## 15. Grill i karczochy

**SKŁADNIKI:**
- 6 karczochów (lub 18 młodych karczochów)
- Oliwa z oliwek z pierwszego tłoczenia
- 1 łyżka octu z czerwonego wina
- Sól

**INSTRUKCJE:**

a) Nastaw duży garnek z wodą i zagotuj na dużym ogniu. Rozpdoogień węglowy lub rozgrzej grill gazowy. Blachę do pieczenia wyłóż papierem pergaminowym.

b) Usuń twarde, ciemne zewnętrzne liście z karczochów, aż pozostałe liście staną się w połowie żółte, w połowie jasnozielone. Odetnij najbardziej zdrewniałą część końca łodygi i górne 1 1/2 cala każdego karczocha. Jeśli wewnątrz znajdują się fioletowe liście, należy je również wyciąć. Być może będziesz musiał usunąć więcej, aby odciąć wszystko, co włókniste. Może się wydawać, że dużo przycinasz, ale usuń więcej, niż myślisz, że powinieneś, ponieważ ostatnią rzeczą, której chcesz, jest ugryzienie włóknistego lub gorzkiego kęsa przy stole. Za pomocą ostrego noża do obierania lub obieraczki do warzyw usuń twardą zewnętrzną skórkę z łodygi i podstawy serca, aż dotrzesz do bladożółtych warstw wewnętrznych. Podczas czyszczenia umieść karczochy w misce z wodą i octem, co zapobiegnie ich utlenianiu i brązowieniu.

c) Karczochy przekrój na pół. Za pomocą łyżeczki ostrożnie wydrąż dławik lub puszysty środek, a następnie włóż karczochy z powrotem do zakwaszonej wody.

d) Gdy woda się zagotuje, dopraw ją obficie, aż będzie tak słona jak morze. Włóż karczochy do wody i zmniejsz ogień, aby woda szybko się gotowała. Gotuj karczochy, aż będą miękkie po przekłuciu ostrym nożem, około 5 minut w przypadku młodych karczochów i 14 minut w przypadku dużych karczochów. Za pomocą pająka lub sitka ostrożnie wyjmij je z wody i ułóż na przygotowanej blasze w jednej warstwie.

e) Karczochy lekko skrop oliwą i dopraw solą. Połóż karczochy przeciętą stroną do dołu na grillu ustawionym na średnim ogniu. Nie przesuwaj ich, dopóki nie zaczną się rumienić, a następnie obracaj szaszłyki, aż przecięta strona będzie równomiernie brązowa, około 3 do 4 minut na stronę. Odwróć, smażąc drugą stronę w ten sam sposób.

f) Zdejmij z grilla i skrop miętową salsą zielony, jeśli chcesz, lub podawaj z Aïoli lub winegretem miodowo-musztardowym. Podawać na gorąco lub w temperaturze pokojowej.

# BULIONY I ZUPY

## 16.Wywar Z Kurczaka

**SKŁADNIKI:**
- 7 funtów kości kurczaka (co najmniej połowa powinna być surowa)
- 7 litrów wody
- 2 cebule, nieobrane, pokrojone w ćwiartki
- 2 marchewki, obrane i przekrojone na pół
- 2 łodygi selera przekrojone na pół
- 1 łyżeczka ziaren czarnego pieprzu
- 2 liście laurowe
- 4 gałązki tymianku
- 5 gałązek pietruszki lub 10 łodyg
- 1 łyżeczka białego octu winnego

**INSTRUKCJE:**
a) Włóż wszystko oprócz octu do dużego garnka. Doprowadź bulion do wrzenia na dużym ogniu, a następnie zmniejsz ogień. Usuń pianę, która wypłynie na powierzchnię. Teraz dodaj ocet, który pomoże wyciągnąć składniki odżywcze i minerały z kości do wywaru.

b) Gotować pod przykryciem przez 6 do 8 godzin. Obserwuj go, aby upewnić się, że cały czas się gotuje. Jeśli wywar się zagotuje, jego bąbelki spowodują recyrkulację tłuszczu, który uniesie się na wierzch wywaru. Przy długotrwałym ogrzewaniu i mieszaniu bulion zacznie emulgować. Jest to jeden z momentów, w których nie szukasz emulsji, ponieważ poza tym, że wygląda na mętny, zemulgowany bulion ma również mętny smak i nieprzyjemnie przylega do języka. Jedną z najlepszych cech dobrego bulionu jest to, że choć ma bogaty smak, jest jednocześnie czysty.

c) Przecedzić przez sito o drobnych oczkach i ostudzić. Zeskrob tłuszcz, który wypłynął na wierzch i przechowuj go w lodówce lub zamrażarce na konfiturę z kurczaka.

d) Przechowywać w lodówce do 5 dni lub zamrażać do 3 miesięcy.

## 17. Stracciatella rzymska zupa jajeczna

**SKŁADNIKI:**
- 9 szklanek bulionu z kurczaka
- Sól
- 6 dużych jaj
- Świeżo zmielony czarny pieprz
- 3/4 uncji kawałka parmezanu, drobno startego (około 3/4 szklanki) i więcej do podania
- 1 łyżka drobno posiekanej natki pietruszki

**INSTRUKCJE:**
a) W średnim garnku zagotuj bulion i dopraw solą. W misce miarowej z dzióbkiem (można też użyć średniej miski) wymieszaj jajka, dużą szczyptę soli, pieprzu, parmezanu i natki pietruszki.
b) Do gotującego się bulionu cienkim strumieniem wlewamy masę jajeczną, delikatnie mieszając zupę widelcem. Unikaj nadmiernego mieszania, które spowoduje, że jajka rozpadną się na drobne, nieapetyczne kawałki zamiast stracci, czyli szmat, od których wzięła się nazwa zupy. Gotuj masę jajeczną przez około 30 sekund, a następnie rozlej zupę do misek. Udekoruj większą ilością parmezanu i natychmiast podawaj.
c) Resztki przykryj i przechowuj w lodówce do 3 dni. Aby podgrzać, delikatnie ponownie zagotuj zupę.

# 18. Toskańska zupa z fasoli i jarmużu

**SKŁADNIKI:**

- Oliwa z oliwek z pierwszego tłoczenia
- Opcjonalnie: 2 uncje pancetty lub boczku, pokrojone w kostkę
- 1 średnia żółta cebula, pokrojona w kostkę (około 1 1/2 szklanki)
- 2 łodygi selera, pokrojone w kostkę (około 2/3 szklanki)
- 3 średnie marchewki, obrane i pokrojone w kostkę (1 szklanka)
- 2 liście laurowe
- Sól
- Świeżo zmielony czarny pieprz
- 2 ząbki czosnku, pokrojone w cienkie plasterki
- 2 szklanki zmiażdżonych pomidorów z puszki lub świeżych pomidorów w soku
- 3 szklanki ugotowanej fasoli, takiej jak cannellini, corona lub żurawina, płyn do gotowania zarezerwowany
- 1 uncja świeżo startego parmezanu (około 1/3 szklanki), skórka zachowana
- 3 do 4 szklanek bulionu z kurczaka lub wody
- 2 pęczki jarmużu, pokrojone w cienkie plasterki (około 6 filiżanek pokrojonych w plasterki)
- 1/2 małej główki kapusty zielonej lub włoskiej, pozbawionej rdzenia i pokrojonej w cienkie plasterki (około 3 filiżanek pokrojonych w plasterki)

## INSTRUKCJE:

a) Ustaw duży holenderski piekarnik lub garnek na średnim ogniu i dodaj 1 łyżkę oliwy z oliwek. Gdy olej zacznie się mienić, dodaj pancettę, jeśli jej używasz, i smaż, mieszając, przez 1 minutę, aż zacznie się rumienić.

b) Dodać cebulę, seler, marchewkę i liście laurowe. Doprawić obficie solą i pieprzem. Zmniejsz ogień do średniego i gotuj, mieszając od czasu do czasu, aż warzywa będą miękkie i zaczną się brązowieć, około 15 minut. Wykop mały otwór na środku garnka i dodaj kolejną łyżkę oliwy z oliwek. Dodaj czosnek i pozwól mu delikatnie skwierczeć, aż zacznie wydzielać aromat, około 30 sekund. Zanim czosnek zdąży się zrumienić, dodaj pomidory. Wymieszaj, posmakuj i w razie potrzeby dodaj sól.

c) Pozwól pomidorom gotować się na wolnym ogniu, aż uzyskają konsystencję dżemu, około 8 minut, następnie dodaj fasolę i płyn do gotowania, połowę startego parmezanu ze skórką oraz wystarczającą ilość bulionu lub wody do przykrycia. Dodaj dwie nieumiarkowane krople oliwy z oliwek, około 1/4 szklanki. Mieszając od czasu do czasu, ponownie zagotuj zupę. Dodaj jarmuż i kapustę i ponownie zagotuj, dodając więcej bulionu lub wody, jeśli potrzeba, aby je przykryć.

d) Gotuj, aż smaki się połączą, a warzywa będą miękkie, jeszcze około 20 minut. Posmakuj i dopraw solą.

e) Usuń skórkę parmezanu i liście laurowe.

f) Podawać z odrobiną najlepszej oliwy z oliwek, jaką masz pod ręką, i startym parmezanem.

g) Przechowywać pod przykryciem w lodówce do 5 dni. Zupa ta wyjątkowo dobrze zamarza aż do 2 miesięcy. Przed użyciem zupę ponownie zagotuj.

## 19. Jedwabista zupa ze słodkiej kukurydzy

**SKŁADNIKI:**

- Usunięto 8 do 10 kłosów kukurydzy, łusek, łodyg i jedwabiu
- 8 łyżek (4 uncje) masła
- 2 średnie żółte cebule, pokrojone w plasterki
- Sól

**INSTRUKCJE:**

a) Złóż ręcznik kuchenny na ćwiartki i umieść go w dużej, szerokiej metalowej misce. Jedną ręką przytrzymaj kłos kukurydzy w pozycji pionowej na ręczniku kuchennym – pomaga to uszczypnąć kłos u góry. Drugą ręką użyj ząbkowanego noża lub ostrego noża szefa kuchni, aby odciąć dwa lub trzy rzędy ziaren jednocześnie, przesuwając nóż po kolbie. Podejdź jak najbliżej kolby i oprzyj się pokusie odcięcia większej liczby rzędów na raz — pozostawi to mnóstwo cennej kukurydzy. Zachowaj kolby.

b) W garnku do zupy szybko przygotuj bulion z kolb kukurydzy: zalej kolby 9 szklankami wody i zagotuj. Zmniejsz ogień i gotuj przez 10 minut, następnie usuń kolby. Odłóż zapasy na bok.

c) Ponownie postaw garnek na kuchence i podgrzej na średnim ogniu. Dodaj masło. Gdy się rozpuści, dodaj cebulę i zmniejsz ogień do średniego. Gotuj, mieszając od czasu do czasu, aż cebula będzie całkowicie miękka i przezroczysta lub blond, około 20 minut. Jeśli zauważysz, że cebula zaczyna się brązowieć, dodaj odrobinę wody i obserwuj, często mieszając, aby zapobiec dalszemu brązowieniu.

d) Gdy cebula będzie miękka, dodać kukurydzę. Zwiększ ogień do wysokiego i smaż, aż kukurydza zmieni kolor na jaśniejszy odcień żółtego, od 3 do 4 minut. Dodaj wystarczającą ilość bulionu, aby pokryć wszystko, i zwiększ ogień do maksymalnego. Resztę bulionu zachowaj na wypadek konieczności późniejszego rozcieńczenia zupy. Doprawiamy solą, smakujemy i doprawiamy. Doprowadź do wrzenia, następnie gotuj na wolnym ogniu przez 15 minut.

e) Jeśli masz blender zanurzeniowy, użyj go, aby ostrożnie zmiksować zupę, aż uzyskasz puree. Jeśli go nie masz, pracuj ostrożnie i szybko, aby zmiksować go partiami w blenderze lub robocie kuchennym. Aby uzyskać bardzo jedwabistą konsystencję, przecedź zupę po raz ostatni przez sito o drobnych oczkach.

f) Spróbuj zupy pod kątem soli, słodyczy i równowagi kwasowej. Jeśli zupa jest bardzo słodka, odrobina białego octu winnego lub soku z limonki może pomóc ją zrównoważyć.
g) Przed podaniem możesz rozlać schłodzoną zupę do misek i polać ją salsą dla dekoracji lub szybko zagotować zupę i podawać na gorąco z kwaśnymi dodatkami, takimi jak meksykańska sos ziołowa lub indyjski chutney z kokosa i kolendry.

# FASOLA, ZIARNA I MAKARON

## 20. Ryż perski

**SKŁADNIKI:**
- 2 szklanki ryżu basmati
- Sól
- 3 łyżki jogurtu naturalnego
- 3 łyżki masła
- 3 łyżki oleju o neutralnym smaku

**INSTRUKCJE:**
a) Napełnij duży garnek 4 litrami wody i zagotuj na dużym ogniu.
b) W międzyczasie włóż ryż do miski i spłucz zimną wodą, energicznie mieszając w palcach i zmieniając wodę co najmniej pięć razy, aż skrobia odpłynie, a woda będzie czysta. Odcedź ryż.
c) Gdy woda się zagotuje, mocno ją posolić. Dokładna ilość będzie się różnić w zależności od rodzaju soli, której używasz, ale jest to około 6 łyżek drobnej soli morskiej lub hojna 1/2 szklanki soli koszernej. Woda powinna smakować bardziej słono niż najbardziej słona woda morska, jaką kiedykolwiek piłeś. To Twoja wielka szansa, aby przyprawić ryż od środka, a w osolonej wodzie spędzisz tylko kilka minut, więc nie panikuj, że przesolisz jedzenie. Dodać ryż, wymieszać.
d) W zlewie umieść sito lub durszlak o drobnych oczkach. Gotuj ryż, mieszając od czasu do czasu, aż będzie dodente, około 6 do 8 minut. Odcedź na sito i natychmiast rozpocznij przepłukiwanie zimną wodą, aby zapobiec dalszemu gotowaniu ryżu. Odpływ.
e) Usuń 1 szklankę ryżu i wymieszaj ją z jogurtem.
f) Postaw dużą, bardzo dobrze przyprawioną 10-calową żeliwną patelnię lub patelnię z powłoką nieprzywierającą na średnim ogniu, następnie dodaj olej i masło. Gdy masło się rozpuści, wlej na patelnię mieszankę jogurtowo-ryżową i wyrównaj. Na patelnię wsyp pozostały ryż, delikatnie ugniatając go w kierunku środka. Używając rączki drewnianej łyżki, delikatnie wykop pięć lub sześć otworów w ryżu aż do dna garnka, który będzie delikatnie skwierczał. Otwory pozwolą parze wydostać się z najniższej warstwy ryżu, dzięki czemu uformuje się chrupiąca skórka. Na patelni powinno być wystarczająco dużo oleju, aby było widać jego

bulgotanie po bokach. W razie potrzeby dodaj trochę więcej oleju, aby zobaczyć bąbelki.

g) Kontynuuj gotowanie ryżu na średnim ogniu, obracając patelnię o ćwierć obrotu co 3 lub 4 minuty, aby zapewnić równomierne brązowienie, aż zacznie tworzyć się złota skorupa po bokach patelni, około 15 do 20 minut. Gdy zobaczysz, że skórka zmienia kolor z jasnobursztynowego na złoty, zmniejsz ogień do niskiego i kontynuuj gotowanie przez kolejne 15 do 20 minut. Brzegi skórki powinny być złociste, a ryż całkowicie ugotowany.

h) Aby wyjąć ryż z formy, ostrożnie przesuń szpatułką wzdłuż krawędzi patelni, aby upewnić się, że żadna część skorupy się nie przykleiła. Wylej nadmiar tłuszczu z dna patelni do miski, zbierz się na odwagę i ostrożnie przełóż go na talerz lub deskę do krojenia. Powinno wyglądać jak piękne ciasto z puszystego ryżu ze złotą skórką.

i) A jeśli z jakiegoś powodu ryż nie wyślizgnie się w jednym kawałku, zrób to, co robiła każda perska babcia od zarania dziejów: wyjmij ryż, odłup tahdig na kawałki łyżką lub metalową szpatułką i udawaj, że chciał to zrobić w ten sposób. Nikt nie będzie mądrzejszy.

j) Podawać natychmiast z wolno pieczonym łososiem, kebabem Kufte, pieczonym kurczakiem perskim lub Kuku Sabzi.

## 21.Makaron Cacio e Pepe

## SKŁADNIKI:

- Sól
- 1 funtowy makaron spaghetti, bucatini lub tonnarelli
- Oliwa z oliwek z pierwszego tłoczenia
- 1 łyżka bardzo grubo zmielonego czarnego pieprzu
- 4 uncje pecorino Romano, bardzo drobno startego (około 2 filiżanek)

## INSTRUKCJE:

a) Duży garnek z wodą postaw na dużym ogniu i zagotuj. Dopraw obficie solą, aż będzie smakować jak letnie morze. Dodać makaron i gotować, od czasu do czasu mieszając, aż będzie dodente. Zachowaj 2 szklanki wody z gotowania na czas odcedzania makaronu.

b) W międzyczasie rozgrzej dużą patelnię na średnim ogniu i wlej tyle oliwy z oliwek, aby pokryła dno. Kiedy zacznie się mienić, dodaj pieprz i gotuj, aż zacznie pachnieć, około 20 sekund. Dodaj 3/4 szklanki wody z gotowania makaronu do garnka i zagotuj – to ułatwi utworzenie emulsji.

c) Dodaj odcedzony makaron na gorącą patelnię, wymieszaj, aby pokryć makaron, a następnie posyp całość oprócz garści sera. Za pomocą szczypiec energicznie wymieszaj makaron, dodając więcej wody z makaronu, jeśli potrzeba, aby uzyskać kremowy sos, który przylega do makaronu bez grudek. Posmakuj i w razie potrzeby dopraw solą. Udekoruj pozostałym serem i grubo mielonym pieprzem i natychmiast podawaj.

## 22.Makaron na Pomarola

## SKŁADNIKI:

- Oliwa z oliwek z pierwszego tłoczenia
- 2 średnie czerwone lub żółte cebule, pokrojone w cienkie plasterki
- Sól
- 4 ząbki czosnku
- 4 funty świeżych, dojrzałych pomidorów z łodygami lub dwie (28-uncjowe) puszki całych pomidorów San Marzano lub Roma z sokiem
- 16 listków świeżej bazylii lub 1 łyżka suszonego oregano
- 3/4 funta spaghetti, bucatini, penne lub rigatoni
- Parmezan, pecorino Romano lub ricotta salata do podania

## INSTRUKCJE:

a) Ustaw duży, niereaktywny garnek z grubym dnem na średnim ogniu. Gdy garnek jest gorący, dodaj tyle oliwy z oliwek, aby pokryć dno. Gdy olej się zarumieni, dodać cebulę.

b) Dopraw solą i zmniejsz ogień do średniego, mieszając od czasu do czasu, aby zapobiec przypaleniu. Gotuj, aż cebula będzie miękka i półprzezroczysta lub blond, około 15 minut. Lekkie zrumienienie jest w porządku, ale nie pozwól, aby cebula się przypaliła. Jeśli cebula zacznie się zbyt szybko rumienić, zmniejsz ogień i dodaj odrobinę wody.

c) Podczas smażenia cebuli pokrój czosnek, a następnie pokrój pomidory na ćwiartki, jeśli używasz świeżych. Jeśli używasz puszki, przelej je do dużej, głębokiej miski i rozgnieć rękami. W jednej puszce zamieszać około 1/4 szklanki wody, następnie wlać ją do drugiej puszki i zamieszać, po czym dodać do pomidorów. Odłożyć na bok.

d) Gdy cebula będzie miękka, przesuń ją na zewnętrzne krawędzie garnka i wlej na środek łyżkę oleju. Do oliwy dodać czosnek. Delikatnie smaż czosnek, aż zacznie wydzielać aromat, około 20 sekund, a zanim zacznie brązowieć, dodaj pomidory. Jeśli używasz świeżych pomidorów, rozgnieć je drewnianą łyżką, aby wypuścić sok. Sos zagotuj, a następnie zredukuj do wrzenia. Doprawić solą i rozerwać liście bazylii lub dodać oregano, jeśli używasz.

e) Gotuj na małym ogniu, często mieszając sos drewnianą łyżką. Zeskrob dno garnka, aby upewnić się, że nic się nie przykleiło. Jeśli sos zacznie się kleić i przypalać, postępuj odwrotnie. Nie mieszaj! To po prostu zmiesza spalony smak z resztą nienaruszonego sosu. Zamiast tego natychmiast przelej sos do nowego garnka, nie skrobając dna, a przypalony garnek pozostaw do namoczenia w zlewie. Zachowaj szczególną ostrożność, aby zapobiec ponownemu spaleniu nowego garnka.
f) Wstawiamy duży garnek z wodą i gotujemy na dużym ogniu. Przykryć pokrywką, aby zapobiec nadmiernemu parowaniu.
g) Sos będzie gotowy, gdy jego smak zmieni się z surowego na gotowany, czyli po około 25 minutach. Zanurzając łyżkę w sosie, będziesz mniej przypominał ogród lub targ, a bardziej pocieszającą miskę makaronu. Jeśli używasz pomidorów z puszki, zmiana jest bardziej subtelna: poczekaj na moment, w którym pomidory stracą metaliczny smak z puszki, co może zająć około 40 minut. Gdy pomidory się ugotują, doprowadź sos do szybkiego wrzenia i dodaj 3/4 szklanki oliwy z oliwek. Gotuj razem przez kilka minut; Pomarola po emulgowaniu zmieni się w bogaty sos. Usuń go z ognia.
h) Zmiksuj sos za pomocą blendera ręcznego, blendera lub młynka do żywności, następnie spróbuj i dopraw do smaku. Przechowywać pod przykryciem w lodówce do tygodnia lub zamrażać do 3 miesięcy. Aby uzyskać trwałą w przechowywaniu pomarolę, słoiki wypełnione sosem poddawaj procesowi w łaźni wodnej przez 20 minut i zużyj w ciągu roku.
i) Aby podać 4 osoby, dopraw garnek z wodą solą, aż będzie smakować jak letnie morze. Dodaj makaron, wymieszaj i gotuj, aż będzie dodente. Podczas gdy makaron się gotuje, zagotuj 2 szklanki sosu pomarola na dużej patelni. Odcedzić makaron, zachowując 1 szklankę wody z makaronu.
j) Do sosu dodać makaron i wymieszać, w razie potrzeby rozcieńczyć wodą z makaronu i oliwą z oliwek. Posmakuj i w razie potrzeby dopraw solą. Podawać natychmiast z parmezanem, pecorino Romano lub serem ricotta salata.

## 23. Makaron Z Brokułami I Bułką Chlebową

## SKŁADNIKI:
- Sól
- 2 funty brokułów, różyczek i obranych łodyg
- Oliwa z oliwek z pierwszego tłoczenia
- 1 duża żółta cebula, pokrojona w drobną kostkę
- 1 do 2 łyżeczek płatków czerwonej papryki
- 3 ząbki czosnku, posiekane
- 1 funt orecchiette, penne, linguine, bucatini lub spaghetti
- 1/2 szklanki posypanych okruchów
- Świeżo starty parmezan do podania

## INSTRUKCJE:
a) Postaw duży garnek z wodą na dużym ogniu. Kiedy się zagotuje, dopraw go obficie solą, aż będzie smakować jak letnie morze.
b) Pokrój różyczki brokułów na kawałki o grubości 1/2 cala, a łodygi na plasterki o grubości 1/4 cala.
c) Ustaw duży holenderski piekarnik lub podobny garnek na średnim ogniu. Gdy będzie już gorące, dodaj tyle oliwy z oliwek, aby pokryła dno garnka. Gdy olej się zarumieni, dodaj cebulę, dużą szczyptę soli i 1 łyżeczkę płatków pieprzu. Gdy tylko cebula zacznie się rumienić, zamieszaj ją i zmniejsz ogień do średniego. Mieszając od czasu do czasu, smaż cebulę, aż będzie miękka i złotobrązowa, około 15 minut. Przesuń cebulę na brzeg garnka, oczyszczając miejsce w środku. Dodaj łyżkę oliwy z oliwek, a następnie czosnek. Gotuj delikatnie, aż czosnek zacznie wydzielać aromat, około 20 sekund. Zanim czosnek zacznie nabierać koloru, wmieszaj go do cebuli i zmniejsz ogień do małego, aby czosnek się nie zrumienił.
d) Wrzuć brokuły do wrzącej wody i gotuj do miękkości, około 4 do 5 minut. Usuń kawałki z garnka za pomocą pająka lub łyżki cedzakowej i włóż je bezpośrednio na patelnię z cebulą. Przykryj garnek wodą, aby zapobiec parowaniu i pozostaw ją na kuchence, aby ugotować makaron. Zwiększ ogień do średniego I kontynuuj gotowanie, mieszając od czasu do czasu, aż brokuły zaczną się rozpadać i połączą z cebulą i oliwą z oliwek w sos, około 20 minut. Jeśli mieszanina wydaje się sucha, a nie pikantna, dodaj łyżkę lub dwie wody z gotowania, aby ją zwilżyć.

e) Do wody dodać makaron i wymieszać. Podczas gotowania kontynuuj gotowanie i mieszanie brokułów. Najważniejsze jest, aby upewnić się, że na patelni jest wystarczająca ilość wody, aby brokuły, olej i woda zemulgowały się i stały się pikantne i słodkie. Kontynuuj gotowanie, mieszanie i w razie potrzeby dodawaj wodę.
f) Gdy makaron będzie dodente, odcedź go, zachowując dwie szklanki wody z gotowania. Gorący makaron wrzucamy na patelnię z brokułami, mieszamy. Dodaj kolejną, ostatnią kroplę oliwy z oliwek i słoną wodę z makaronem, aby mieć pewność, że makaron jest dobrze pokryty, wilgotny i przyprawiony. Posmakuj i w razie potrzeby dostosuj płatki soli i pieprzu.
g) Podawaj natychmiast, posypane bułką tartą i dużą ilością śnieżno-tartego parmezanu.

## 24. Makaron doRagu

## SKŁADNIKI:

- Oliwa z oliwek z pierwszego tłoczenia
- 1 funt grubo mielonej karkówki wołowej
- 1 funt grubo mielonej łopatki wieprzowej
- 2 średnie żółte cebule, posiekane
- 1 duża marchewka, posiekana
- 2 duże łodygi selera, posiekane
- 1 1/2 szklanki wytrawnego czerwonego wina
- 2 szklanki bulionu z kurczaka lub wołowiny lub wody
- 2 szklanki pełnego mleka
- 2 liście laurowe
- 1 1-calowy na 3-calowy pasek skórki cytrynowej
- 1 1-calowy na 3-calowy pasek skórki pomarańczowej
- 1/2-calowy kawałek laski cynamonu
- 5 łyżek koncentratu pomidorowego
- Opcjonalnie: skórka parmezanu
- Cała gałka muszkatołowa
- Sól
- Świeżo zmielony czarny pieprz
- 1 funt tagliatelle, penne lub rigatoni
- 4 łyżki masła
- Świeżo starty parmezan do podania

## INSTRUKCJE:

a) Ustaw duży holenderski piekarnik lub podobny garnek na dużym ogniu i dodaj tyle oliwy z oliwek, aby pokryć dno. Wołowinę wrzucić do garnka na kawałki wielkości orzecha włoskiego. Gotuj, mieszając i rozbijając mięso łyżką cedzakową, aż zacznie skwierczeć i zmieni kolor na złotobrązowy, od 6 do 7 minut. Nie doprawiaj jeszcze mięsa – sól odciągnie wodę i opóźni brązowienie. Za pomocą łyżki cedzakowej przenieś mięso do dużej miski, pozostawiając wytopiony tłuszcz w garnku. W ten sam sposób podsmaż wieprzowinę.

b) Dodaj cebulę, marchewkę i seler – soffritto – do tego samego garnka i gotuj na średnim ogniu. Ilość tłuszczu powinna być wystarczająca, aby prawie pokryć soffritto, dlatego w razie potrzeby dodaj więcej oliwy z oliwek, co najmniej kolejne 3/4 szklanki. Gotuj, regularnie mieszając, aż warzywa będą miękkie, a soffritto będzie ciemnobrązowe, od 25 do 30 minut. (Jeśli chcesz, możesz ugotować soffritto na oliwie z oliwek dzień lub dwa wcześniej, aby przełamać czasochłonne etapy przepisu. Soffritto również dobrze zamarza aż do 2 miesięcy!)

c) Włóż mięso z powrotem do garnka, zwiększ ogień do dużego i dodaj wino. Zdrap dno garnka drewnianą łyżką, aby uwolnić przyrumienione kawałki do sosu. Dodaj bulion lub wodę, mleko, liście laurowe, skórkę, cynamon, koncentrat pomidorowy i skórkę parmezanu, jeśli używasz. Dodaj 10 porcji świeżej gałki muszkatołowej, zecierając ją na młynku do gałki muszkatołowej lub innej drobnej tarce. Doprawić do smaku solą i świeżo zmielonym pieprzem. Doprowadzić do wrzenia, następnie zmniejszyć ogień do minimum.

d) Sos pozostawiamy na wolnym ogniu, od czasu do czasu mieszając. Gdy mleko się rozpuści i sos zacznie wyglądać apetycznie, po około 30–40 minutach rozpocznij degustację mieszanki i dostosuj sól, kwasowość, słodycz, bogactwo i treściwość. Jeśli potrzebuje trochę kwasu, dodaj sekretną kroplę wina. Jeśli wydaje się mdłe, dodaj koncentrat pomidorowy, aby ożywić całość i dodać słodyczy. Jeśli ma być bogatsze, dodać odrobinę mleka. Jeśli szmatka wydaje się cienka, dodaj dużą porcję bulionu. W miarę gotowania zredukuje się, pozostawiając żelatynę, która pomoże zagęścić sos.

e) Gotuj na najniższym możliwym ogniu, od czasu do czasu usuwając tłuszcz i często mieszając, aż mięso będzie miękkie, a smaki się połączą, około 1 1/2 do 2 godzin. Kiedy szmata będzie już gotowa, za pomocą łyżki lub chochli zeskrobuj tłuszcz, który wypłynął na powierzchnię, a następnie usuń skórkę parmezanu, liście laurowe, skórki cytrusów i cynamon. Posmakuj i ponownie dopraw solą i pieprzem.

f) Na 4 porcje wymieszaj 2 szklanki gorącej szmatki z 1 funtem makaronu ugotowanego dodente i 4 łyżkami masła. Podawać z dużą ilością świeżo startego parmezanu.

g) Przykryj i przechowuj pozostałą szmatkę w lodówce do 1 tygodnia lub w zamrażarce do 3 miesięcy. Przed użyciem ponownie zagotuj.

## 25.Pasta na Małże Makaron z Małżami

**SKŁADNIKI:**
- Sól
- Oliwa z oliwek z pierwszego tłoczenia
- 1 średnia żółta cebula, pokrojona w drobną kostkę, końcówki korzeni zachowane
- 2 lub 3 gałązki pietruszki plus 1/4 szklanki drobno posiekanych liści
- 2-funtowe małże drobnoszyje, dobrze wyszorowane
- 1 szklanka wytrawnego białego wina
- 2 ząbki czosnku, posiekane
- Około 1 łyżeczka płatków czerwonej papryki
- 1 funt linguine lub spaghetti
- 2 funty małży manilskich lub wiśniowych, dobrze wyszorowanych
- Sok z 1 cytryny
- 4 łyżki masła
- 1 uncja parmezanu, drobno startego (około 1/4 szklanki)

**INSTRUKCJE:**
a) Zagotuj w dużym garnku obficie osoloną wodę.
b) Rozgrzej dużą patelnię na średnim ogniu i dodaj łyżkę oleju. Dodaj korzenie cebuli, gałązki pietruszki i tyle karkówek, ile zmieści się w jednej warstwie, następnie zalej 3/4 szklanki wina.
c) Zwiększ ogień do maksymalnego, przykryj patelnię i pozwól małżom parować, aż się otworzą, od 3 do 4 minut. Zdejmij pokrywkę i użyj szczypiec, aby przenieść małże do miski po otwarciu. Jeśli są jakieś uparte małże, delikatnie postukaj je szczypcami, aby zachęcić je do otwarcia. Wyrzuć małże, które nie otworzą się po 6 minutach gotowania. Na patelnię wrzucamy resztę karkówek i gotujemy w ten sam sposób z pozostałym winem.
d) Płyn z gotowania przecedzić przez sitko o drobnych oczkach i odstawić. Gdy małże ostygną na tyle, że można je chwycić, wyjmij je z muszli i grubo posiekaj. Odłóż na bok w małej misce z wystarczającą ilością płynu z gotowania, aby go przykryć. Wyrzuć skorupki.
e) Opłucz patelnię, a następnie postaw na średnim ogniu. Dodaj tyle oleju, aby pokryć dno patelni, dodaj pokrojoną w kostkę cebulę i

szczyptę soli. Gotuj do miękkości, od czasu do czasu mieszając, około 12 minut. Nie ma nic złego w tym, że cebula nabierze koloru, ale nie pozwól jej się przypalić; jeśli trzeba, dodaj odrobinę wody.

f) W międzyczasie ugotuj makaron, aż nie będzie całkiem dodente.
g) Do cebuli dodaj czosnek i 1/2 łyżeczki płatków pieprzu i delikatnie podsmaż. Zanim czosnek zdąży się zrumienić, dodaj małże manilskie lub małże wiśniowe i zwiększ ogień do dużego. Dodaj odrobinę płynu do gotowania małży lub wina i przykryj patelnię. Gdy małże się otworzą, dodaj posiekane karkówki. Gotuj razem przez kilka minut, następnie spróbuj i dostosuj kwasowość sokiem z cytryny lub większą ilością białego wina, jeśli to konieczne.
h) Odcedź makaron, zachowując 1 szklankę płynu z gotowania i natychmiast dodaj na patelnię z małżami. Pozwól makaronowi dalej się gotować, aż będzie dodente w płynie z małży, aby wchłonął całą słoną zawartość.
i) Spróbuj i dostosuj pod kątem soli, pikanterii i kwasowości. Makaron powinien być dość soczysty – jeśli nie jest, dodaj więcej łyżek płynu do gotowania małży, wina lub wody z makaronu. Dodaj masło i ser, poczekaj, aż się rozpuszczą, a następnie wymieszaj, aby pokryć makaron. Posypać posiekanymi listkami pietruszki i przełożyć do misek.
j) Podawać natychmiast z chrupiącym pieczywem do zalania sosu.

# RYBA

## 26. Łosoś wolno pieczony

## SKŁADNIKI:
- 1 hojna garść delikatnych ziół, takich jak pietruszka, kolendra, koper lub liście kopru włoskiego lub 3 liście figowe
- 1 2-funtowy filet z łososia, pozbawiony skóry
- Sól
- Oliwa z oliwek z pierwszego tłoczenia

## INSTRUKCJE:
a) Rozgrzej piekarnik do 225°F. Zrób grządkę z ziół lub, jeśli używasz liści figowych, połóż je na środku blachy do pieczenia. Odłożyć na bok.
b) Z każdej strony łososia znajduje się rząd cienkich ości, który sięga około dwóch trzecich długości filetu. Za pomocą pęsety lub szczypiec igłowych połóż filet skórą do dołu na desce do krojenia. Delikatnie przesuwaj palcami po rybie od głowy do ogona, aby zlokalizować kości i wyciągnij ich końce z mięsa.
c) Zaczynając od głowy, wyciągaj kości jedna po drugiej, ciągnąc je pęsetą pod tym samym kątem, pod jakim utknęły w rybie. Po wyjęciu kości zanurz pęsety w szklance zimnej wody, aby uwolnić kość. Kiedy skończysz, jeszcze raz przesuń palcem po rybie, aby upewnić się, że pozbyłeś się wszystkich ości. Otóż to!
d) Dopraw rybę solą z obu stron i włóż ją do łóżka z ziołami. Rybę skrop łyżką oliwy i rozetrzyj równomiernie dłońmi. Wsuń patelnię do piekarnika.
e) Piec przez 40 do 50 minut, aż ryba zacznie się łuszczyć w najgrubszej części fileta, gdy nakłuwasz go nożem lub palcem. Ponieważ metoda ta jest tak delikatna dla białek, ryba będzie przezroczysta nawet po ugotowaniu.
f) Gdy łosoś będzie już ugotowany, pokrój go na duże, rustykalne kawałki i połóż na nim w dużych ilościach dowolną salsę ziołową. Szczególnie dobrze sprawdzają się tutaj Kumquat Sos i Meyer Lemon Sos. Podawać z białą fasolą lub ziemniakami, siekanym koprem włoskim i rzodkiewkami.

## 27.Ryba W Piwie

**SKŁADNIKI:**

- 2 1/2 szklanki mąki uniwersalnej
- 1 łyżeczka proszku do pieczenia
- 1/2 łyżeczki mielonego pieprzu cayenne
- Sól
- 1 1/2 funta łuszczącej się białej ryby, takiej jak halibut, sola lub dorsz skalny, bez kości i przycięta
- 6 szklanek oleju z pestek winogron, orzeszków ziemnych lub oleju rzepakowego do smażenia
- 1 1/4 szklanki wódki, lodowatej
- Około 1 1/2 szklanki piwa lager, lodowato zimnego
- Opcjonalnie: Aby uzyskać dodatkową chrupkość, zastąp mąkę ryżową połową mąki uniwersalnej

**INSTRUKCJE:**
a) W średniej misce wymieszaj mąkę, proszek do pieczenia, pieprz cayenne i dużą szczyptę soli. Umieścić w zamrażarce.
b) Pokrój rybę na 8 równych kawałków po przekątnej, każdy o długości około 1 na 3 cale. Dopraw obficie solą. Przechowywać na lodzie lub w lodówce do momentu ugotowania.
c) Postaw szeroką i głęboką patelnię na średnim ogniu. Dodaj wystarczającą ilość oleju, aby osiągnąć głębokość 1 1/2 cala i podgrzej do 365°F.
d) Gdy olej będzie już gorący, przygotuj ciasto: do miski z mąką wlej wódkę, powoli mieszając opuszkami palców jednej ręki. Następnie stopniowo dodawaj tyle piwa, aby rozrzedzić ciasto do konsystencji mniej więcej takiej jak ciasto na naleśniki – powinno łatwo ściekać z palców. Nie mieszaj zbyt długo – po usmażeniu grudki zamienią się w lekką, chrupiącą skórkę.
e) Połowę ryby włóż do miski z ciastem. Pojedynczo całkowicie pokrywaj kawałki ryby, a następnie ostrożnie wrzucaj je na gorący olej. Nie przepełniaj garnka – w oleju nigdy nie powinna znajdować się więcej niż jedna warstwa ryby. Podczas smażenia kawałków użyj szczypiec, aby delikatnie sprawdzić, czy się nie sklejają. Po około 2 minutach, gdy spód będzie złotobrązowy, przewróć kawałki i usmaż drugą stronę. Gdy druga strona będzie złocista, za pomocą szczypiec lub łyżki cedzakowej wyjmij rybę z oleju. Doprawiamy solą i odsączamy na blasze wyłożonej papierowymi ręcznikami.
f) Smaż pozostałe ryby w ten sam sposób, pozwalając, aby temperatura oleju powróciła do 365°F pomiędzy partiami.
g) Podawać od razu z cząstkami cytryny i sosem tatarskim.

## 28. Konfitura z tuńczyka

**SKŁADNIKI:**
- 1 1/2 funta świeżego tuńczyka białego lub tuńczyka żółtopłetwego, pokrojonego na kawałki o grubości 1 1/2 cala
- Sól
- 2 1/2 szklanki oliwy z oliwek
- 4 ząbki czosnku, obrane
- 1 suszona czerwona papryka
- 2 liście laurowe
- 2 1-calowe paski skórki cytrynowej
- 1 łyżeczka ziaren czarnego pieprzu

**INSTRUKCJE:**

a) Dopraw tuńczyka solą na około 30 minut przed planowanym gotowaniem.

b) Aby konfiturować tuńczyka, włóż oliwę, czosnek, czerwoną paprykę, liście laurowe, skórkę z cytryny i ziarna pieprzu do holenderskiego piekarnika lub głębokiej, ciężkiej patelni. Rozgrzej do około 180°F – olej powinien być ciepły w dotyku, ale nie gorący.

c) Gotuj przez około 15 minut, aby napełnić olej aromatami, a także wszystko pasteryzować, aby zapewnić długi okres przydatności do spożycia.

d) Włóż tuńczyka w jednej warstwie do ciepłego oleju. Tuńczyk musi być pokryty olejem, więc w razie potrzeby dodaj go więcej. Jeśli to konieczne, możesz także ugotować rybę partiami.

e) Przywróć olej do temperatury około 150°F lub do momentu, aż zobaczysz, że ryba emituje pęcherzyk lub dwa co kilka sekund. Dokładna temperatura oleju nie jest tak ważna i będzie się zmieniać w miarę zwiększania i zmniejszania płomienia oraz dodawania i wyjmowania ryby. Ważne jest, aby gotować rybę powoli, więc w razie potrzeby skręć w dół.

f) Po około 9 minutach wyjmij kawałek z oleju i sprawdź, czy jest gotowe. Ryba powinna być średnio wysmażona – w środku naddocałkiem różowa – ponieważ ciepło będzie naddosię utrzymywać. Jeżeli jest zbyt rzadkie, włóż rybę z powrotem na olej i smaż jeszcze przez minutę.

g) Usmażoną rybę wyjmij z oleju i pozostaw do ostygnięcia w jednej warstwie na talerzu, następnie przełóż do szklanego pojemnika i ponownie odcedź schłodzony olej na rybę. Podawać w temperaturze pokojowej lub schłodzone. Rybę można przechowywać w lodówce, pokrytą olejem, przez około 2 tygodnie.

# KURCZAK I JAJKA

## 29. Najbardziej chrupiący kurczak z przekąskami

## SKŁADNIKI:

- Cały kurczak o wadze 4 funtów
- Sól
- Oliwa z oliwek z pierwszego tłoczenia

## INSTRUKCJE:

a) Dzień wcześniej planujesz ugotować kurczaka, ugotuj go (lub poproś o pomoc rzeźnika!). Użyj wytrzymałych nożyc kuchennych, aby przeciąć kręgosłup po obu stronach (spód ptaka) i usunąć go. Możesz zacząć od końca ogona lub szyi, w zależności od preferencji. Po usunięciu kręgosłupa zarezerwuj go na zapas. Usuń końcówki skrzydeł i zarezerwuj je również na zapas.

b) Połóż kurczaka na desce do krojenia, piersią do góry. Naciskaj mostek, aż usłyszysz trzask chrząstki i ptak leży płasko. Obficie posolić ptaka z obu stron. Ułożyć piersią do góry w płytkim naczyniu do pieczenia i wstawić do lodówki bez przykrycia na noc.

c) Wyciągnij ptaka z lodówki na godzinę przed planowanym gotowaniem. Rozgrzej piekarnik do 200°F, z rusztem umieszczonym w górnej jednej trzeciej części piekarnika.

d) Podgrzej 10- lub 12-calową żeliwną patelnię lub inną patelnię na średnim ogniu. Dodaj tyle oliwy, aby pokryła dno patelni. Gdy olej zacznie się mienić, połóż kurczaka na patelni piersią do dołu i smaż przez 6 do 8 minut, aż uzyska złoty kolor. Nie ma nic złego w tym, że ptak nie leży zupełnie płasko, o ile pierś styka się z patelnią. Odwróć ptaka (znowu dobrze, jeśli nie leży całkiem płasko) i wsuń całą żeliwną patelnię do piekarnika na przygotowaną kratkę. Wsuń patelnię całkowicie na sam tył piekarnika, rączką skierowaną w lewo.

e) Po około 20 minutach ostrożnie obróć patelnię za pomocą rękawicy kuchennej o 180 stopni, tak aby uchwyt był skierowany w prawo, i umieść ją z powrotem na samym końcu górnej półki.

f) Gotuj, aż kurczak będzie cały brązowy, a soki po przecięciu między nogą a udem wypłyną klarowne, około 45 minut.

g) Daj odpocząć 10 minut przed rzeźbieniem. Podawać na ciepło lub w temperaturze pokojowej.

# 30. Kuku Sabzi Perskie zioła i warzywa Frittata

**SKŁADNIKI:**

- 2 pęczki boćwiny, umyte
- 1 duży por
- Oliwa z oliwek z pierwszego tłoczenia
- Sól
- 6 łyżek niesolonego masła
- 4 szklanki drobno posiekanych liści kolendry i delikatnych łodyg
- 2 szklanki drobno posiekanych liści koperku i delikatnych łodyg
- 8 do 9 dużych jaj

**INSTRUKCJE:**

a) Rozgrzej piekarnik do 150°F, jeśli nie chcesz odwracać kuku w trakcie gotowania.
b) Oderwij liście boćwiny. Chwyć jedną ręką za podstawę każdej łodygi, drugą ręką ściśnij łodygę i pociągnij do góry, aby usunąć liść. Powtórz tę czynność z pozostałym boćwiną, zachowując łodygi.
c) Usuń korzeń i górny centymetr pora, a następnie przekrój go wzdłuż na ćwiartki. Każdą ćwiartkę pokroić w plasterki o grubości 1/4 cala, umieścić w dużej misce i energicznie umyć, aby usunąć brud. Odlej jak najwięcej wody. Łodygi boćwiny pokroić cienko, odrzucając twarde kawałki u podstawy. Dodać do umytego pora i odstawić.
d) Delikatnie podgrzej 10- lub 12-calową patelnię żeliwną lub patelnię z powłoką nieprzywierającą na średnim ogniu i dodaj tyle oliwy z oliwek, aby pokryć dno patelni. Dodać liście boćwiny i doprawić dużą szczyptą soli. Gotuj, mieszając od czasu do czasu, aż liście zwiędną, 4 do 5 minut. Zdejmij boćwinę z patelni, odłóż na bok i pozostaw do ostygnięcia.
e) Wstaw patelnię z powrotem na kuchenkę, podgrzej na średnim ogniu i dodaj 3 łyżki masła. Gdy masło zacznie się pienić, dodaj pokrojony por i łodygi boćwiny oraz szczyptę soli. Gotuj do miękkości i półprzezroczystości, 15 do 20 minut. Mieszaj od czasu do czasu, a jeśli to konieczne, dodaj odrobinę wody, zmniejsz płomień lub przykryj pokrywką lub kawałkiem papieru pergaminowego, aby zatrzymać parę i zapobiec zabarwieniu.

f) W międzyczasie odciśnij ugotowane liście boćwiny, odlej płyn i grubo je posiekaj. Połączyć w dużej misce z kolendrą i koperkiem. Gdy pory i łodygi boćwiny będą ugotowane, dodaj je do warzyw. Pozwól mieszaninie trochę ostygnąć, a następnie użyj rąk, aby wszystko równomiernie wymieszać. Posmakuj i dopraw obficie solą, wiedząc, że za chwilę dodasz do mieszanki pęczek jajek.

g) Dodawaj jajka, jedno po drugim, aż mieszanina będzie ledwo związana z jajkiem — być może nie będziesz musiał użyć wszystkich 9 jajek, w zależności od tego, jak mokre były warzywa i jak duże są jajka, ale powinno to wydawać się śmieszne ilość zieleniny! Zwykle na tym etapie próbuję i doprawiam mieszankę pod kątem soli, ale jeśli nie chcesz smakować surowego jajka, możesz ugotować mały kawałek testowy kuku i w razie potrzeby dostosować sól.

h) Wytrzyj i ponownie rozgrzej patelnię na średnim ogniu – jest to ważny krok, aby zapobiec przywieraniu kuku – i dodaj 3 łyżki masła i 2 łyżki oliwy z oliwek, a następnie wymieszaj, aby połączyć. Gdy masło zacznie się pienić, ostrożnie włóż mieszaninę kuku na patelnię.

i) Aby kuku ugotowało się równomiernie, w ciągu pierwszych kilku minut gotowania użyj gumowej szpatułki, aby delikatnie wyciągnąć brzegi mieszanki do środka, gdy zastyga. Po około 2 minutach zmniejsz ogień do średniego i pozwól kuku dalej się gotować, nie dotykając go. Będziesz wiedzieć, że patelnia jest wystarczająco gorąca, jeśli olej delikatnie zacznie bulgotać po bokach kuku.

j) Ponieważ to kuku jest tak grube, zastygnięcie środka zajmie trochę czasu. Kluczem jest to, aby skórka nie przypaliła się, zanim środek nie stwardnieje. Zerknij na skórkę, podnosząc kuku gumową szpatułką, a jeśli zrobi się zbyt szybko zbyt ciemno, zmniejsz ogień. Obracaj patelnię o ćwierć obrotu co 3 lub 4 minuty, aby zapewnić równomierne zrumienienie.

k) Po około 10 minutach, gdy mieszanina przestanie być płynna, a spód stanie się złotobrązowy, zbierz całą swoją odwagę i przygotuj się do przewrócenia kuku. Najpierw wylej jak najwięcej tłuszczu do miski, aby się nie poparzyć, a następnie przełóż kuku na patelnię do pizzy, tylną część blachy z ciasteczkami albo na inną dużą patelnię. Dodaj 2 łyżki oliwy z oliwek na gorącą patelnię i wsuń kuku z powrotem, aby usmażyć drugą stronę. Gotuj przez kolejne 10 minut, obracając patelnię co 3 lub 4 minuty.

l) Jeśli coś pójdzie nie tak podczas próby przewrócenia, nie panikuj! To tylko lunch. Po prostu postaraj się obrócić kuku, dodaj trochę więcej oleju na patelnię i włóż je z powrotem na patelnię w jednym kawałku.

m) Jeśli nie chcesz przewracać, wsuń całą patelnię do piekarnika i piecz, aż środek całkowicie się zetnie, czyli około 10 do 12 minut.

n) Sprawdź, czy jest gotowe za pomocą wykałaczki lub po prostu potrząśnij patelnią w tę i z powrotem, szukając lekkiego drgania na górze kuku. Gdy będzie gotowe, ostrożnie przełóż je z patelni na talerz. Usuń nadmiar oleju. Jeść na ciepło, w temperaturze pokojowej lub na zimno. Kuku robi niesamowite resztki!

## 31. Pikantny smażony kurczak

**SKŁADNIKI:**
- 4-funtowy kurczak pokrojony na 10 kawałków lub 3 funty udek z kością i skórą
- Sól
- 2 duże jajka
- 2 szklanki maślanki
- 1 łyżka ostrego sosu (moim ulubionym jest Valentina!)
- 3 szklanki mąki uniwersalnej
- 6 do 8 szklanek oleju z pestek winogron, orzeszków ziemnych lub oleju rzepakowego do smażenia plus 1/4 szklanki pikantnego oleju
- 2 łyżki pieprzu cayenne
- 1 łyżka ciemnobrązowego cukru
- 1/2 łyżeczki wędzonej papryki
- 1/2 łyżeczki prażonego kminku, drobno zmielonego
- 1 ząbek czosnku, drobno starty lub roztarty ze szczyptą soli

## INSTRUKCJE:

a) Przygotuj kurczaka przed gotowaniem. Jeśli używasz całego kurczaka, pokrój go na 10 kawałków. Zachowaj tuszę do następnej partii bulionu z kurczaka. Jeśli używasz ud, wytnij je z kości i przekrój na pół.

b) Obficie dopraw solą ze wszystkich stron. Jeśli przyprawiłeś kurczaka wcześniej niż godzinę wcześniej, przechowuj go w lodówce; w przeciwnym razie zostaw to na blacie.

c) W dużej misce wymieszaj jajka, maślankę i ostry sos. Odłożyć na bok. W drugiej misce wymieszaj mąkę i 2 spore szczypty soli. Odłożyć na bok.

d) Postaw szeroką i głęboką patelnię na średnim ogniu. Dodaj olej do głębokości 1 1/2 cala i podgrzej do 360°F. Rozpocznij pogłębianie kurczaka, jeden lub dwa kawałki na raz. Najpierw obtocz w mące i strząśnij jej nadmiar, następnie zanurz w maślance, pozwalając, aby nadmiar spłynął z powrotem do miski, następnie wróć do mieszanki mąki i pogłębiaj po raz ostatni. Strząśnij nadmiar i połóż na blasze do pieczenia.

e) Smaż kurczaka w dwóch lub trzech rundach, pozwalając, aby temperatura oleju spadła do i oscylowała wokół 325°F podczas gotowania kurczaka. Użyj metalowych szczypiec, aby od czasu do czasu obrócić kurczaka, aż skóra stanie się głęboko złocistobrązowa, około 12 minut (bliżej 16 minut w przypadku dużych kawałków i 9 minut w przypadku małych kawałków). Jeśli nie masz pewności, czy mięso jest dobrze ugotowane, przebij skórkę nożem i zerknij na mięso. Powinno być ugotowane aż do kości, a sok, który wydziela mięso, powinien być klarowny.

f) Jeśli mięso jest naddosurowe lub sok ma lekką nutę różu, włóż kurczaka z powrotem na olej i kontynuuj smażenie, aż będzie gotowy.

g) Studzimy na metalowej kratce ustawionej nad blachą do pieczenia.

h) Połącz pieprz cayenne, brązowy cukier, paprykę, kminek i czosnek w małej misce i dodaj 1/4 szklanki oleju. Posmaruj kurczaka pikantnym olejem i natychmiast podawaj.

## 32. Ciasto Z Kurczaka

**SKŁADNIKI:**
**DO WYPEŁNIENIA**
- 4-funtowy kurczak lub 3-funtowe udka z kością i skórą
- Sól
- Oliwa z oliwek z pierwszego tłoczenia
- 3 łyżki masła
- 2 średnie żółte cebule, obrane i pokrojone w 1/2-calowe kawałki
- 2 duże marchewki, obrane i pokrojone w kostkę o grubości 1/2 cala
- 2 duże łodygi selera, pokrojone w kostkę o grubości 1/2 cala
- 1/2 funta świeżych pieczarek cremini, pieczarek lub kurków, przyciętych i pokrojonych w ćwiartki
- 2 liście laurowe
- 4 gałązki świeżego tymianku
- Świeżo zmielony czarny pieprz
- 3/4 szklanki wytrawnego białego wina lub wytrawnego sherry
- 1/2 szklanki kremu
- 3 szklanki bulionu z kurczaka lub wody
- 1/2 szklanki mąki
- 1 szklanka groszku, świeżego lub mrożonego
- 1/4 szklanki drobno posiekanych liści pietruszki

**DO SKORUPY**
- 1 przepis na ciasto na ciasto maślane, ale schłodź ciasto w jednym kawałku lub 1/2 przepisu na lekkie i kruche ciasteczka maślane lub 1 opakowanie kupnego ciasta francuskiego
- 1 duże jajko, lekko ubite

**INSTRUKCJE:**

a) Przygotuj kurczaka przed gotowaniem. Jeśli używasz całego kurczaka, pokrój go na ćwiartki i zachowaj tuszę do następnej partii bulionu z kurczaka. Dopraw obficie solą. Jeśli przyprawiłeś kurczaka wcześniej niż godzinę wcześniej, przechowuj go w lodówce; w przeciwnym razie zostaw to na blacie.

b) Ustaw duży holenderski piekarnik lub podobny garnek na średnim ogniu. Gdy patelnia się rozgrzeje, wlej tyle oliwy, aby pokryła dno garnka. Gdy olej się zarumieni, połóż połowę kawałków kurczaka na patelni, skórą do dołu i równomiernie obsmaż ze wszystkich stron, około 4 minut z każdej strony. Przełożyć na talerz i powtórzyć z pozostałym kurczakiem.

c) Ostrożnie wyrzuć tłuszcz i ponownie postaw garnek na kuchence na średnim ogniu. Rozpuść masło, dodaj cebulę, marchew, seler, grzyby, liść laurowy i tymianek. Dopraw lekko solą i pieprzem. Gotuj, mieszając od czasu do czasu, aż warzywa zaczną nabierać koloru i miękną, około 12 minut. Wlać wino lub sherry i zdeglasować patelnię drewnianą łyżką.

d) Włóż podsmażonego kurczaka do warzyw. Dodaj śmietanę i bulion drobiowy lub wodę i zwiększ ogień do maksymalnego. Przykryj garnek i zagotuj, a następnie zmniejsz ogień. Usuń piersi, jeśli używasz, po 10 minutach gotowania, ale gotuj ciemne mięso w sumie przez 30 minut. Wyłącz ogień, następnie przełóż ugotowanego kurczaka na talerz i poczekaj, aż sos ostygnie. Wyrzucić liście laurowe i tymianek. Gdy sos odpocznie przez kilka minut, a tłuszcz wypłynie na wierzch, za pomocą chochli lub szerokiej łyżki zbierz go do miarki na płyn lub małej miski.

e) W osobnej małej misce za pomocą widelca połącz 1/2 szklanki odtłuszczonego tłuszczu z mąką na gęstą pastę. Gdy cała mąka zostanie wchłonięta, dodajemy chochlę płynu z gotowania i mieszamy. Wlej tę gęstą ciecz do garnka i ponownie zagotuj cały sos, następnie zmniejsz ogień i gotuj, aż sos przestanie smakować surową mąką, około 5 minut. Posmakuj i dopraw solą i świeżo zmielonym czarnym pieprzem, następnie zdejmij z ognia.

f) Rozgrzej piekarnik do 400°F. Ustawić ruszt piekarnika w środkowej, najwyższej pozycji.

g) Kiedy kurczak ostygnie, można go nieść, rozdrobnij mięso i drobno posiekaj skórę. Zachowaj kości na zapas. Do garnka dodaj posiekanego kurczaka ze skórą, groszek i pietruszkę. Mieszaj, aby połączyć, posmakuj i dopraw w razie potrzeby. Zdjąć z ognia.

h) Jeśli używasz ciasta na ciasto, rozwałkuj je na prostokąt o wymiarach 15 na 11 cali i grubości około 1/8 cala i wytnij w cieście otwory parowe o długości co najmniej 4 cali. Jeśli używasz ciastek, wytnij 8 ciastek. Jeśli używasz ciasta francuskiego, delikatnie rozmroź i rozwiń ciasto, a następnie wytnij w cieście otwory wentylacyjne o długości co najmniej 4 cali.

i) Wlać nadzienie do szklanej lub ceramicznej patelni o wymiarach 9 na 13 cali lub płytkiego naczynia do pieczenia o podobnej wielkości. Połóż przygotowane ciasto lub ciasto francuskie na nadzieniu i przytnij ciasto, aby pozostawić 1/2-calowy brzeg wokół krawędzi patelni. Ciasto wsunąć pod siebie i zwinąć. Jeśli ciasto nie będzie samo przyklejało się do patelni, użyj odrobiny jajecznej masy, aby ciasto się przykleiło. Jeśli używasz ciastek, delikatnie włóż je do nadzienia, tak aby były odsłonięte na około trzech czwartych drogi. Dokładnie i obficie posmaruj ciasto, ciasto francuskie lub ciastka rozmąconym jajkiem.

j) Połóż na blasze do pieczenia i piecz przez 30 do 35 minut, aż ciasto lub ciasto będzie złotobrązowe, a nadzienie będzie musujące. Podawać na gorąco.

## 33.Konfit z kurczaka

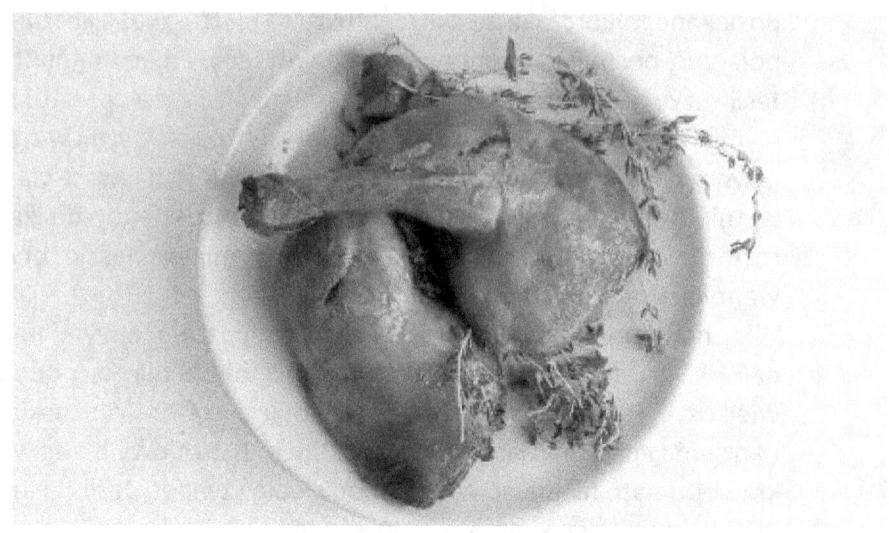

**SKŁADNIKI:**

- 4 udka z kurczaka wraz z udkami
- Sól
- Świeżo zmielony czarny pieprz
- 4 gałązki świeżego tymianku
- 4 goździki
- 2 liście laurowe
- 3 ząbki czosnku, przekrojone na pół
- Około 4 szklanek tłuszczu z kaczki lub kurczaka lub oliwy z oliwek

**INSTRUKCJE:**

a) Przygotuj kurczaka dzień wcześniej. Za pomocą ostrego noża natnij skórę u podstawy wokół każdego podudzia, tuż nad stawem skokowym. Natnij dookoła, aż do kości, pamiętając o przecięciu ścięgien. Doprawić solą i pieprzem. Na talerzu układamy warstwami tymianek, goździki, liście laurowe i czosnek. Przykryj i wstaw do lodówki na noc.

b) Aby przygotować, usuń aromaty i włóż nogi do dużego holenderskiego piekarnika lub garnka w jednej warstwie. Jeśli używasz tłuszczu z kaczki lub kurczaka, delikatnie podgrzej go w średnim rondlu, aż się upłynni. Do holenderskiego piekarnika lub garnka wlać tyle tłuszczu, aby zanurzyć w nim mięso, a następnie podgrzewać na średnim ogniu, aż z kurczaka pojawią się pierwsze bąbelki. Zmniejsz ogień tak, aby tłuszcz nigdy nie przekroczył minimalnego poziomu wrzenia. Gotuj, aż mięso będzie miękkie przy kościach, około 2 godzin.

c) (Alternatywnie ugotuj całość w piekarniku w temperaturze około 200°F. Skorzystaj z tych samych wskazówek, co przy gotowaniu na kuchence).

d) Gdy mięso będzie już ugotowane, wyłącz ogień i pozwól mu chwilę ostygnąć w tłuszczu. Za pomocą metalowych szczypiec ostrożnie usuń kurczaka z tłuszczu. Chwyć kość na końcu kostki, aby uniknąć rozdarcia skóry.

e) Pozwól, aby mięso i tłuszcz ostygły, a następnie umieść kurczaka w szklanym lub ceramicznym naczyniu, odcedź tłuszcz, upewniając

się, że jest całkowicie zanurzony. Przykryj pokrywką. Przechowywać w lodówce do 6 miesięcy.
f) Przed podaniem wyjmij kurczaka z tłuszczu, zeskrobując jego nadmiar. Rozgrzej żeliwną patelnię na średnim ogniu i włóż na nią kurczaka skórą do dołu. Podobnie jak w przypadku kurczaka z przenośnikiem taśmowym, użyj ciężaru drugiej, owiniętej folią żeliwnej patelni, aby pomóc w wytopieniu tłuszczu i chrupiącej skórce. Połóż patelnię na kurczaku i delikatnie podgrzej, aby skórka była chrupiąca z tą samą szybkością, z jaką podgrzewa się mięso. Gdy zaczniesz słyszeć trzaski, a nie skwierczenie, zwróć większą uwagę na mięso, aby się nie przypaliło. Gdy skóra się zarumieni, przewróć kurczaka na drugą stronę i kontynuuj podgrzewanie udka po drugiej stronie, bez obciążania. Cały proces zajmie około 15 minut.
g) Natychmiast podawaj.

## 34. Kurczak smażony na patelni z lizaniem palców

## SKŁADNIKI:

- 6 piersi z kurczaka bez kości i skóry
- 1 1/2 szklanki drobnej białej bułki tartej, najlepiej domowej roboty lub panko
- 3/4 uncji parmezanu, drobno startego (około 1/4 szklanki)
- 1 szklanka mąki, doprawiona dużą szczyptą soli i szczyptą cayenne
- 3 duże jajka roztrzepane ze szczyptą soli
- 1 3/4 szklanki klarowanego masła zrobionego z 1 funta masła

## INSTRUKCJE:

a) Jedną blachę do pieczenia wyłóż papierem pergaminowym, a drugą papierowymi ręcznikami.

b) Jeśli czułki naddoprzylegają do piersi, usuń je. Za pomocą ostrego noża usuń kawałek srebrnej skóry lub tkanki łącznej u góry dolnej części każdej piersi.

c) Połóż jedną pierś z kurczaka spodem do góry na desce do krojenia. Lekko natrzyj jedną stronę plastikowej torebki oliwą z oliwek i połóż ją olejem do dołu na piersi. Uderz spód piersi młotkiem kuchennym (lub, w przypadku jego braku, użyj pustego szklanego słoika), aż uzyska równomiernie około 1/2 cala grubości. Powtórz z pozostałymi piersiami.

d) Piersi i polędwiczki lekko dopraw solą, a następnie przygotuj stanowisko do panierowania. Przygotuj trzy duże, płytkie miski lub brytfanny, po jednej z przyprawioną mąką, ubitymi jajkami i bułką tartą. Wymieszaj parmezan z bułką tartą.

e) Pracując jak Henry Ford, obtocz najpierw wszystkie piersi i polędwiczki w mące, a następnie strząśnij jej nadmiar. Następnie zanurz je wszystkie w jajku i strząśnij jego nadmiar. Na koniec obtaczamy kawałki w bułce tartej i układamy na wyłożonej pergaminem blasze do pieczenia.

f) Postaw żeliwną patelnię (lub inną patelnię) o średnicy 10 lub 12 cali na średnim ogniu i dodaj taką ilość klarowanego masła, aby sięgała 1/4 cala po bokach patelni. Gdy tłuszcz zacznie się mienić, dodaj kilka bułek tartych, aby sprawdzić temperaturę tłuszczu. Gdy tylko zaczną skwierczeć, ułóż na patelni tyle piersi z kurczaka, ile się zmieści, w jednej warstwie. Pomiędzy każdą piersią powinna być wolna przestrzeń , a tłuszcz powinien sięgać co najmniej do połowy wysokości kurczaka, aby panierka równomiernie się upiekła.

g) Smażyć piersi na średnim ogniu do złotego koloru, 3 do 4 minut, następnie obrócić i przewrócić. Smażymy, aż druga strona będzie równomiernie zarumieniona, zdejmujemy z patelni i odsączamy na blasze wyłożonej papierowymi ręcznikami. (Jeśli nie masz pewności, czy mięso jest dobrze ugotowane, przebij panierkę nożem i sprawdź.

h) Wróć na patelnię i smaż dłużej, jeśli zobaczysz różowy miąższ.) W razie potrzeby dodaj więcej klarowanego masła na patelnię i ugotuj pozostałe piersi i polędwiczki w ten sam sposób.

i) Posyp lekko solą i natychmiast podawaj.

## 35.Kurczak wędzony w szałwii i miodzie

## SKŁADNIKI:

- 1 1/3 szklanki miodu
- 1 pęczek szałwii
- 1 główka czosnku przekrojona w poprzek na pół
- 3/4 szklanki (4 1/4 uncji) soli koszernej lub 1/2 szklanki drobnej soli morskiej
- 1 łyżka ziaren czarnego pieprzu
- 4-funtowy kurczak
- 2 szklanki chipsów jabłoniowych

## INSTRUKCJE:

a) Dzień wcześniej, gdy chcesz ugotować kurczaka, przygotuj solankę. W dużym garnku zagotuj 1 litr wody z 1 szklanką miodu, szałwią, czosnkiem, solą i ziarnami pieprzu. Dodaj 2 litry zimnej wody. Pozwól solance ostygnąć do temperatury pokojowej. Zanurz kurczaka w solance, piersią do dołu i włóż do lodówki na noc.

b) Aby ugotować kurczaka, wyjmij go z solanki i osusz. Solankę przecedzić przez sito i wypełnić jamę kurczaka solonym czosnkiem i szałwią. Złóż końcówki skrzydeł do góry i nad grzbietem ptaka. Zwiąż udka kurczaka razem. Pozwól ptakowi osiągnąć temperaturę pokojową.

c) Zrębki namoczyć w wodzie na 1 godzinę, następnie odcedzić. Przygotuj się do grillowania na pośrednim ogniu.

d) Aby palić nad grillem węglowym, rozpdowęgiel drzewny w rozruszniku kominowym. Kiedy węgle zaczną świecić na czerwono i pokryją się szarym popiołem, ostrożnie zrzuć je na dwa stosy po przeciwnych stronach grilla. Umieść jednorazową aluminiową patelnię na środku grilla. Wrzuć 1/2 szklanki zrębków drzewnych na każdy stos węgli, aby wytworzyć dym. Połóż ruszt na grillu i ułóż kurczaka piersią do góry, nad patelnią ociekową.

e) Przykryj grill otworami wentylacyjnymi umieszczonymi nad mięsem. Otwórz otwory wentylacyjne do połowy. Użyj termometru cyfrowego, aby utrzymać temperaturę od 200° do 225°F, uzupełniając w razie potrzeby węgiel i drewno. Gdy termometr umieszczony na środku nogi wskaże 50°F, posmaruj całą skórę pozostałą 1/3 szklanki miodu. Załóż pokrywę grilla i kontynuuj gotowanie, aż termometr wskaże 160°F po umieszczeniu w środku nogi, co zajmie około 35 minut. Zdejmij kurczaka z grilla i odczekaj 10 minut przed pokrojeniem.

f) Aby skórka była chrupiąca przed podaniem, rozpalaj węgle, aż będą bardzo gorące, lub ustaw palniki po jednej stronie grilla na bardzo wysokie. Wróć kurczaka do pośredniej strefy grzewczej i przykryj grill. Gotuj przez 5 do 10 minut, aż będzie chrupiący.

g) Aby wędzić na grillu gazowym, wypełnij wędzarnię zrębkami i zapdopalnik najbliżej niego, aż pojawi się dym. Jeśli Twój grill nie ma pojemnika na wędzarnię, umieść frytki w wytrzymałej folii i złóż je w woreczek. W woreczku zrób kilka dziurek i umieść je pod rusztem nad jednym z palników. Podgrzewaj na dużym ogniu, aż zobaczysz dym. Gdy frytki zaczną dymić, zmniejsz płomień, opuść pokrywę i rozgrzej grill do temperatury 250°F. Utrzymuj tę temperaturę przez cały czas gotowania.

h) Połóż kurczaka piersią do góry na nierozpalonym palniku – jest to pośrednia strefa ogrzewania – i gotuj od 2 do 2 1/2 godziny. Gdy termometr umieszczony na środku nogi wskaże 50°F, posmaruj całą skórę pozostałą 1/3 szklanki miodu. Załóż pokrywę grilla i kontynuuj gotowanie, aż termometr wskaże 160°F po włożeniu do środka nogi, co zajmie około 35 minut. Zdejmij kurczaka z grilla i odczekaj 10 minut przed pokrojeniem.

i) Aby skórka była chrupiąca przed podaniem, rozpalaj węgle, aż będą bardzo gorące, lub ustaw palniki po jednej stronie grilla na bardzo wysokie. Wróć kurczaka do pośredniej strefy grzewczej i przykryj grill. Gotuj przez 5 do 10 minut, aż będzie chrupiący.

j) Aby podać, pokrój kurczaka na ćwiartki – naprawdę dobrze komponuje się ze smażoną salsą szałwiową Zielony – lub posiekaj mięso, aby zrobić szarpanego kurczaka na kanapki.

# 36.Zupa Z Kurczakiem I Czosnkiem

**SKŁADNIKI:**
- 4-funtowy kurczak, poćwiartowany; lub 4 duże udka i udka z kurczaka
- Sól
- Świeżo zmielony pieprz
- Oliwa z oliwek z pierwszego tłoczenia
- 2 średnie żółte cebule, pokrojone w kostkę (około 3 filiżanek)
- 3 duże marchewki, obrane i pokrojone w kostkę (około 1 1/4 szklanki)
- 3 duże łodygi selera, pokrojone w kostkę (około 1 filiżanki)
- 2 liście laurowe
- 10 szklanek bulionu z kurczaka
- 20 ząbków czosnku, pokrojonych w cienkie plasterki
- Opcjonalnie: skórka parmezanu

**INSTRUKCJE:**
a) Przygotuj kurczaka przed gotowaniem. Jeśli używasz całego ptaka, pokrój go na ćwiartki i zachowaj tuszę do następnej partii bulionu z kurczaka. Dopraw obficie solą i świeżo zmielonym czarnym pieprzem. Jeśli przyprawiłeś kurczaka wcześniej niż godzinę wcześniej, przechowuj go w lodówce; w przeciwnym razie zostaw to na blacie.
b) Rozgrzej 8-litrowy holenderski piekarnik lub podobny garnek na dużym ogniu. Dodaj tyle oliwy z oliwek, aby pokryła dno garnka. Gdy olej się zarumieni, dodaj połowę kawałków kurczaka i dokładnie podsmaż, około 4 minuty z każdej strony. Usuń i odłóż na bok. Powtórz z pozostałym kurczakiem.
c) Ostrożnie usuń większość tłuszczu z patelni. Włóż patelnię z powrotem do pieca i zmniejsz ogień do średniego. Dodaj cebulę, marchewkę, seler i liście laurowe i gotuj, aż będą miękkie i złociste, około 12 minut. Włóż kurczaka z powrotem do garnka i dodaj 10 szklanek bulionu lub wody, sól, pieprz i skórkę parmezanu, jeśli używasz. Doprowadzić do wrzenia, następnie zmniejszyć ogień do minimum.
d) Rozgrzej małą patelnię na średnim ogniu i dodaj tyle oliwy z oliwek, aby pokryła dno, następnie dodaj czosnek. Delikatnie smaż czosnek przez około 20 sekund, aż zacznie wydzielać aromat, ale nie pozwól, aby nabrał koloru. Dodać do zupy i dalej dusić.
e) Jeśli używasz piersi, wyjmij je z garnka po 12 minutach i kontynuuj gotowanie na wolnym ogniu nóg i ud, aż będą miękkie, łącznie około 50 minut. Wyłącz ogień i usuń tłuszcz z powierzchni bulionu. Usuń całego kurczaka z zupy. Kiedy kurczak ostygnie i będzie można go nieść, usuń mięso z kości i posiekaj.
f) Jeśli wolisz, usuń skórę (chociaż uwielbiam ją drobno posiekać i wykorzystać), a mięso z powrotem włóż do bulionu. Spróbuj zupy i w razie potrzeby dopraw solą. Podawać na gorąco.
g) Przechowywać w lodówce pod przykryciem do 5 dni lub zamrażać do 2 miesięcy.

## 37.Kurczak Adas Polo o Morgh z ryżem z soczewicą

**SKŁADNIKI:**
- 4-funtowy kurczak; lub 8 ud ze skórą i kością
- Sól
- 1 łyżeczka plus 1 łyżka mielonego kminku
- Oliwa z oliwek z pierwszego tłoczenia
- 3 łyżki niesolonego masła
- 2 średnie żółte cebule, pokrojone w cienkie plasterki
- 2 liście laurowe
- Drobna szczypta nitek szafranu
- 2 1/2 szklanki ryżu basmati, niepłukanego
- 1 szklanka czarnych lub złotych rodzynek
- 6 daktyli Medjool, wypestkowanych i poćwiartowanych
- 4 1/2 szklanki bulionu z kurczaka lub wody
- 1 1/2 szklanki ugotowanej, odsączonej brązowej lub zielonej soczewicy (z około 3/4 szklanki surowej)

**INSTRUKCJE:**
a) Przygotuj kurczaka przed gotowaniem. Jeśli używasz całego ptaka, pokrój go na ćwiartki i zachowaj tuszę do następnej partii bulionu z kurczaka. Obficie dopraw solą i 1 łyżeczką kminku ze wszystkich stron. Jeśli przyprawiłeś kurczaka wcześniej niż godzinę wcześniej, przechowuj go w lodówce; w przeciwnym razie zostaw to na blacie.
b) Owiń pokrywę dużego holenderskiego piekarnika lub podobnego garnka ściereczką przymocowaną do uchwytu gumką. Pochłonie to parę i zapobiegnie jej kondensacji i kapaniu z powrotem na kurczaka, co mogłoby spowodować zamoczenie skóry.
c) Ustaw holenderski piekarnik na średnim ogniu i dodaj oliwę z oliwek, aby pokryć dno patelni. Obsmaż kurczaka w dwóch partiach, tak aby nie tłoczył patelni. Zacznij od strony ze skórą w dół, następnie obróć i obróć kurczaka wokół patelni, aby równomiernie się zarumienił po obu stronach, około 4 minuty na stronę. Zdjąć z patelni i odstawić. Ostrożnie usuń tłuszcz.
d) Ponownie postaw patelnię na średnim ogniu i rozpuść masło. Dodaj cebulę, kminek, liście laurowe, szafran i szczyptę soli i gotuj, mieszając, aż zbrązowieje i będzie miękkie, około 25 minut.
e) Zwiększ ogień do średnio-wysokiego, dodaj ryż na patelnię i opiekaj, mieszając, aż uzyska jasnozłoty kolor. Dodaj rodzynki i daktyle i smaż przez minutę, aż zaczną robić się pulchne.
f) Wlać bulion i soczewicę, zwiększyć ogień do dużego i doprowadzić do wrzenia. Obficie dopraw solą i smakiem. Aby ryż był odpowiednio doprawiony, dopraw płyn na tyle słonym, aby poczuł się nieco niekomfortowo – powinien być bardziej słony niż najbardziej słona zupa, jaką kiedykolwiek jadłeś. Zmniejsz ogień i włóż kurczaka skórą do góry. Przykryj patelnię i gotuj przez 40 minut na małym ogniu.
g) Po 40 minutach wyłącz ogień i pozostaw patelnię pod przykryciem na 10 minut, aby kontynuować gotowanie na parze. Zdjąć pokrywkę i spulchnić ryż widelcem. Podawać natychmiast z perskimi ziołami i jogurtem ogórkowym.

## 38.Kurczak Z Octem

**SKŁADNIKI:**
- 4-funtowy kurczak
- Sól
- Świeżo zmielony czarny pieprz
- 1/2 szklanki mąki uniwersalnej
- Oliwa z oliwek z pierwszego tłoczenia
- 3 łyżki niesolonego masła
- 2 średnie żółte cebule, pokrojone w cienkie plasterki
- 3/4 szklanki wytrawnego białego wina
- 6 łyżek białego octu winnego
- 2 łyżki liści estragonu, drobno posiekanych
- 1/2 szklanki gęstej śmietany lub crème fraîche

**INSTRUKCJE:**
a) Przygotuj kurczaka przed gotowaniem. Pokrój ptaka na 8 części i zachowaj tuszę do następnej partii bulionu z kurczaka. Dopraw obficie solą i świeżo zmielonym czarnym pieprzem. Jeśli przyprawiłeś kurczaka wcześniej niż godzinę wcześniej, przechowuj go w lodówce; w przeciwnym razie zostaw to na blacie.
b) Do płytkiej miski lub talerza do ciasta wsyp mąkę i dopraw dużą szczyptą soli. Obtocz kawałki kurczaka w mące, strząśnij jej nadmiar i ułóż w jednej warstwie na drucianej kratce lub wyłożonej pergaminem blasze do pieczenia.
c) Umieść dużą patelnię lub holenderski piekarnik na średnim ogniu i dodaj tyle oliwy z oliwek, aby pokryć patelnię. Obsmaż kurczaka w dwóch partiach, tak aby nie tłoczył patelni. Zacznij od strony ze skórą w dół, następnie obróć i obróć kurczaka wokół patelni, aby równomiernie się zarumienił po obu stronach, około 4 minuty na stronę. Usmażonego kurczaka ułóż na blasze do pieczenia, ostrożnie usuń tłuszcz i wytrzyj patelnię.
d) Ponownie postaw patelnię na średnim ogniu i rozpuść masło. Dodać cebulę, doprawić solą i wymieszać. Smaż cebulę, mieszając od czasu do czasu, aż będą miękkie i brązowe, około 25 minut.
e) Zwiększ ogień do dużego, dodaj wino i ocet i zeskrob patelnię drewnianą łyżką, aby ją odszklić. Dodać połowę estragonu i wymieszać. Włóż kurczaka skórą do góry na patelnię i zmniejsz ogień, aż zacznie się gotować. Uchylamy pokrywkę na patelni i kontynuujemy gotowanie. Wyjmij piersi po ugotowaniu, po około 12 minutach, ale pozwól, aby ciemne mięso naddosię gotowało, aż będzie miękkie w kościach, łącznie przez 35 do 40 minut.
f) Przełóż kurczaka na talerz, zwiększ ogień i dodaj śmietanę lub crème fraîche. Niech sos się zagotuje i zgęstnieje. Posmakuj i dopraw solą, pieprzem i w razie potrzeby odrobiną octu, aby zaostrzyć sos. Dodaj pozostały estragon i polej nim kurczaka.

## 39.Glazurowany kurczak w pięciu smakach

**SKŁADNIKI:**

- 4-funtowy kurczak lub 8 udek z kością i skórą
- Sól
- 1/4 szklanki sosu sojowego
- 1/4 szklanki ciemnobrązowego cukru
- 1/4 szklanki mirinu (wina ryżowego)
- 1 łyżeczka oleju z prażonego sezamu
- 1 łyżka drobno startego imbiru
- 4 ząbki czosnku, drobno starte lub utłuczone ze szczyptą soli
- 1/2 łyżeczki chińskiego proszku pięciu przypraw
- 1/4 łyżeczki pieprzu cayenne
- 1/4 szklanki grubo posiekanych liści kolendry i delikatnych łodyg
- 4 szalotki, zielone i białe części posiekane

**INSTRUKCJE:**

a) Przygotuj kurczaka dzień przed gotowaniem. Jeśli używasz całego kurczaka, pokrój ptaka na 8 części i zachowaj tuszę do następnej partii bulionu z kurczaka. Kurczaka lekko dopraw solą i odstaw na 30 minut. Należy pamiętać, że marynata składa się głównie z sosu sojowego, który jest słony, więc użyj tylko o połowę mniej soli niż w innym przypadku.

b) W międzyczasie wymieszaj sos sojowy, brązowy cukier, mirin, olej sezamowy, imbir, czosnek, przyprawę „pięć smaków" i cayenne. Umieść kurczaka w zamykanej plastikowej torbie i zalej marynatą. Zamknij torebkę i rozgnieć marynatę, tak aby cały kurczak był równomiernie nią pokryty. Schłodzić przez noc.

c) Kilka godzin przed planowanym przyrządzeniem kurczaka wyjmij go z lodówki, aby nabrał temperatury pokojowej. Rozgrzej piekarnik do 400°F.

d) Aby ugotować, połóż kurczaka skórą do góry w płytkim naczyniu do pieczenia o wymiarach 8 na 13 cali, a następnie polej mięso marynatą. Marynata powinna obficie przykryć dno patelni. Jeśli tak się nie stanie, dodaj 2 łyżki wody, aby zapewnić równomierne pokrycie i zapobiec przypaleniu. Włóż do piekarnika i obracaj patelnię co 10–12 minut.

e) Usuń piersi, jeśli używasz, po 20 minutach gotowania, aby zapobiec przypaleniu. Kontynuuj gotowanie ciemnego mięsa przez kolejne 20 do 25 minut, aż będzie miękkie w kościach, czyli w sumie 45 minut.

f) Gdy ciemne mięso będzie ugotowane, włóż piersi z powrotem na patelnię i rozgrzej piekarnik do 150°F, aby sos zredukował się, a skóra stała się ciemnobrązowa i chrupiąca, około 12 minut. Co 3–4 minuty smaruj kurczaka marynatą z patelni, aby go posmarować.

g) Podawać na ciepło, udekorowane kolendrą i posiekanymi cebulami.

h) Resztki przykryj i przechowuj w lodówce do 3 dni.

## 40. Pieczony kurczak marynowany w maślance

**SKŁADNIKI:**
- Kurczak od 3 1/2 do 4 funtów
- Sól
- 2 szklanki maślanki

**INSTRUKCJE:**

a) Dzień przed przygotowaniem kurczaka usuń końcówki skrzydeł, przecinając pierwsze złącze skrzydełka nożycami do drobiu lub ostrym nożem. Rezerwa na zapas. Doprawiamy obficie solą i odstawiamy na 30 minut.

b) Wymieszaj 2 łyżki soli koszernej lub 4 łyżeczki drobnej soli morskiej z maślanką, aby się rozpuściła. Umieść kurczaka w zamykanej plastikowej torbie o pojemności galona i wlej maślankę. Jeśli kurczak nie zmieści się w torbie wielkości galona, podwój dwie plastikowe torby z produktami, aby zapobiec wyciekom i zawiąż torbę kawałkiem sznurka.

c) Zamknij, rozciśnij maślankę wokół kurczaka, połóż na talerzu z brzegiem i wstaw do lodówki. Jeśli masz ochotę, w ciągu następnych 24 godzin możesz obrócić torebkę, aby każda część kurczaka została zamarynowana, ale nie jest to konieczne.

d) Wyciągnij kurczaka z lodówki na godzinę przed planowanym gotowaniem. Rozgrzej piekarnik do 425°F, z rusztem ustawionym w pozycji środkowej.

e) Wyjmij kurczaka z plastikowej torby i zeskrob jak najwięcej maślanki, nie popadając w obsesję. Zwiąż ściśle nogi kurczaka kawałkiem sznurka rzeźniczego. Umieść kurczaka na 10-calowej żeliwnej patelni lub płytkiej brytfance.

f) Wsuń patelnię całkowicie do tylnej części piekarnika na środkową półkę. Obróć patelnię tak, aby nóżki były skierowane w stronę lewego tylnego rogu, a pierś w stronę środka piekarnika (tylne rogi to zazwyczaj najgorętsze miejsca w piekarniku, więc takie ustawienie chroni pierś przed przypaleniem, zanim udka są skończone). Dość szybko powinieneś usłyszeć skwierczenie kurczaka.

g) Po około 20 minutach, gdy kurczak zacznie się rumienić, zmniejsz temperaturę do 400°F i kontynuuj pieczenie przez 10 minut , a następnie przesuń patelnię tak, aby nogi były skierowane w stronę prawego tylnego rogu piekarnika.

h) Kontynuuj gotowanie przez kolejne 30 minut, aż kurczak będzie cały brązowy, a sok będzie przezroczysty, gdy włożysz nóż w kość pomiędzy nogę a udo.

i) Gdy kurczak będzie gotowy, wyjmij go na talerz i odstaw na 10 minut przed pokrojeniem i podaniem.

# 41. Sycylijska Sałatka Z Kurczakiem

**SKŁADNIKI:**

- 1/2 średniej czerwonej cebuli, pokrojonej w kostkę
- 1/4 szklanki czerwonego octu winnego
- 1/2 szklanki porzeczek
- 5 szklanek rozdrobnionego pieczonego lub gotowanego mięsa z kurczaka (z około 1 pieczonego kurczaka)
- 1 szklanka sztywnego Aïoli
- 1 łyżeczka drobno startej skórki z cytryny
- 2 łyżki soku z cytryny
- 3 łyżki drobno posiekanych liści pietruszki
- 1/2 szklanki orzeszków piniowych, lekko uprażonych
- 2 małe łodygi selera, pokrojone w kostkę
- 1/2 średniej bulwy kopru włoskiego, pokrojonej w kostkę (około 1/2 szklanki)
- 2 łyżeczki zmielonych nasion kopru włoskiego
- Sól

**INSTRUKCJE:**

a) Połącz cebulę z octem w małej misce i odstaw na 15 minut, aby zmacerować.
b) W osobnej małej misce zanurz porzeczki we wrzącej wodzie. Pozostaw je na 15 minut, aby nawilżyły się i nabrały objętości. Odcedzić i umieścić w dużej misce.
c) Do porzeczek dodaj kurczaka, aïoli, skórkę z cytryny, sok z cytryny, pietruszkę, orzeszki piniowe, seler, bulwę kopru włoskiego, nasiona kopru włoskiego i dwie obfite szczypty soli i wymieszaj. Dodaj zmacerowaną cebulę (ale nie ocet) i posmakuj. Dostosuj sól i w razie potrzeby dodaj ocet.
d) Podawać na tostowych kromkach chrupiącego chleba lub zawinięte w liście sałaty rzymskiej lub Little Gem.

# MIĘSO

## 42.Pikantna Marynowana Pierś Z Indyka

**SKŁADNIKI:**
- 3/4 szklanki soli koszernej lub 1/2 szklanki (4 1/4 uncji) drobnej soli morskiej
- 1/3 szklanki cukru
- 1 główka czosnku przekrojona w poprzek na pół
- 1 łyżeczka ziaren czarnego pieprzu
- 2 łyżki płatków czerwonej papryki
- 1/2 łyżeczki mielonego pieprzu cayenne
- 1 cytryna
- 6 liści laurowych
- 1 połowa piersi indyka bez kości, ze skórą, około 3 1/2 funta
- Oliwa z oliwek z pierwszego tłoczenia

**INSTRUKCJE:**

a) Umieść sól, cukier, czosnek, perppercorns, płatki pieprzu i cayenne w dużym garnku z 4 szklankami wody. Za pomocą obieraczki do warzyw usuń skórkę z cytryny, a następnie przekrój ją na pół. Wyciśnij sok do garnka, następnie dodaj połówki cytryny i skórkę. Doprowadzić do wrzenia, po czym zmniejszyć ogień, mieszając od czasu do czasu. Gdy sól i cukier się rozpuszczą, zdejmij z ognia i dodaj 8 szklanek zimnej wody. Pozwól solance ostygnąć do temperatury pokojowej. Jeśli filet z indyka – długi pasek białego mięsa na spodniej stronie piersi – jest naddoprzyczepiony, usuń go, wyciągając. Delikatną pierś z indyka zanurzyć w solance i wstawić do lodówki na noc lub na 24 godziny.

b) Dwie godziny przed gotowaniem wyjmij pierś z solanki, jeśli ją używasz, i odstaw do ostygnięcia w temperaturze pokojowej.

c) Rozgrzej piekarnik do 425°F. Postaw na dużym ogniu dużą żeliwną patelnię lub inną żaroodporną patelnię. Gdy będzie już gorąca, dodaj łyżkę oliwy z oliwek, następnie umieść pierś na patelni skórą do dołu. Zmniejsz płomień do średniego i smaż pierś przez 4 do 5 minut, aż skórka zacznie nabierać koloru. Za pomocą szczypiec obróć pierś skórą do góry, połóż polędwiczkę na patelni obok piersi i wsuń patelnię do piekarnika, wsuwając ją maksymalnie do tyłu. To najgorętsze miejsce w piekarniku i początkowy podmuch ciepła sprawi, że indyk pięknie się zarumieni.

d) Wyjmij polędwicę z patelni, gdy termometr natychmiastowy wskaże temperaturę 150°F w najgrubszym miejscu, czyli około 12 minut.

e) W tym czasie sprawdź także temperaturę piersi w kilku różnych miejscach, aby zorientować się, gdzie ona się znajduje. Kontynuuj gotowanie piersi przez kolejne 12 do 18 minut, aż w najgrubszym miejscu osiągnie temperaturę 150°F. (Temperatura wewnętrzna zacznie gwałtownie rosnąć, gdy osiągnie 50°F, więc nie odchodź zbyt daleko od piekarnika I sprawdzaj pierś co kilka minut.) Wyjmij pierś z piekarnika i patelni i pozostaw do ostygnięcia w temperaturze co najmniej 10 minut przed krojeniem.

Przed podaniem pokrój wzdłuż włókien (w poprzek) ukośnie.

## 43. Wieprzowina Duszona Z Chili

**SKŁADNIKI:**
- 4 funty łopatki wieprzowej bez kości (czasami nazywanej wieprzowiną)
- Sól
- 1 główka czosnku
- Olejek o neutralnym smaku
- 2 średnie żółte cebule, pokrojone w plasterki
- 2 szklanki rozdrobnionych pomidorów w soku, świeżych lub z puszki
- 2 łyżki nasion kminku (lub 1 łyżka mielonego kminku)
- 2 liście laurowe
- 8 suszonych papryczek chili, takich jak Guajillo, Nowy Meksyk, Anaheim lub ancho, pozbawionych łodyg, pozbawionych nasion i opłukanych
- Opcjonalnie: Aby uzyskać odrobinę wędzenia, dodaj do duszenia 1 łyżkę wędzonej papryki lub 2 wędzone papryki, takie jak chipotle Morita lub Pasilla de Oaxaca
- 2 do 3 szklanek piwa typu lager lub pilsner
- 1/2 szklanki grubo posiekanej kolendry do dekoracji

**INSTRUKCJE:**
a) Dzień przed planowanym gotowaniem posyp wieprzowinę obficie solą. Przykryj i przechowuj w lodówce.
b) Kiedy będziesz gotowy do gotowania, rozgrzej piekarnik do 325°F. Usuń korzenie z główki czosnku, a następnie przekrój go w poprzek na pół. (Nie przejmuj się dodawaniem skórki do duszenia – na końcu się odciśnie. Jeśli mi nie ufasz, śmiało obierz całą główkę czosnku – próbuję ci tylko zaoszczędzić trochę czas i wysiłek.)
c) Ustaw duży, żaroodporny piekarnik holenderski lub podobny garnek na średnim ogniu. Gdy będzie już ciepło, dodaj 1 łyżkę oleju. Gdy olej się zarumieni, włóż wieprzowinę do garnka. Smażyć równomiernie ze wszystkich stron, około 3 do 4 minut na stronę.
d) Gdy mięso będzie rumiane, wyjmij je i odłóż na bok. Ostrożnie wylej z garnka jak najwięcej tłuszczu, a następnie włóż go z powrotem do kuchenki. Zmniejsz ogień do średniego i dodaj 1 łyżkę stołową neutralnego oleju. Dodaj cebulę i czosnek i smaż,

mieszając od czasu do czasu, aż cebula będzie miękka i lekko rumiana, około 15 minut.

e) Do garnka dodaj pomidory i sok, kminek, liście laurowe, suszone chilli i wędzoną paprykę lub paprykę, jeśli używasz, i wymieszaj. Połóż wieprzowinę na aromatycznej bazie i dodaj tyle piwa, aby sięgało 1 1/2 cala po bokach mięsa. Upewnij się, że papryka i liście laurowe są w większości zanurzone w soku, aby się nie przypaliły.

f) Zwiększ ogień i zagotuj na kuchence, a następnie wsuń garnek bez przykrycia do piekarnika. Po 30 minutach sprawdź, czy płyn ledwo się gotuje. Mniej więcej co 30 minut obróć wieprzowinę na drugą stronę i sprawdź poziom płynu. W razie potrzeby dodaj więcej piwa, aby utrzymać płyn na głębokości 1 1/2 cala. Gotuj, aż mięso będzie miękkie i rozpadnie się pod dotknięciem widelca, od 3 1/2 do 4 godzin.

g) Usmażoną wieprzowinę wyjmij z piekarnika i ostrożnie zdejmij z patelni. Wyrzuć liście laurowe, ale nie martw się o wyłowienie czosnku, ponieważ sitko złapie skórki. Używając młynka, blendera lub robota kuchennego, zmiksuj aromaty i przecedź je przez sito. Wyrzucić ciała stałe.

h) Usuń tłuszcz z sosu, a następnie spróbuj, dodając sól w razie potrzeby.

i) Na tym etapie możesz albo rozdrobnić mięso i połączyć je z sosem, aby przygotować wieprzowe tacos, albo pokroić je i polać sosem wieprzowinę, aby podać je jako danie główne. Udekoruj posiekaną kolendrą i podawaj z kwaśną przyprawą, taką jak meksykańska crema, meksykańska sos ziołowa lub zwykły wyciśnięty z limonki.

j) Resztki przykryj i przechowuj w lodówce do 5 dni. Duszone mięso mrozi się wyjątkowo dobrze. Wystarczy zanurzyć je w płynie do gotowania, przykryć i zamrozić na okres do 2 miesięcy. Przed podaniem zagotuj duszoną potrawę na kuchence z odrobiną wody.

## 44. Kufte Kebaby

**SKŁADNIKI:**

- 1 duża szczypta szafranu
- 1 duża żółta cebula, grubo starta
- 1 1/2 funta mielonej jagnięciny (najlepiej łopatki)
- 3 ząbki czosnku, drobno starte lub roztarte ze szczyptą soli
- 1 1/2 łyżeczki mielonej kurkumy
- 6 łyżek bardzo drobno posiekanej natki pietruszki, mięty i/lub kolendry w dowolnej kombinacji
- Świeżo zmielony czarny pieprz
- Sól

**INSTRUKCJE:**
a) Użyj szafranu do przygotowania herbaty szafranowej. Cebulę przetrzyj przez sito, wyciśnij jak najwięcej płynu i wylej go.
b) Do dużej miski włóż herbatę szafranową, cebulę, jagnięcinę, czosnek, kurkumę, zioła i szczyptę czarnego pieprzu. Dodaj trzy duże szczypty soli i zagniataj mieszaninę rękami. Twoje ręce są tutaj cennymi narzędziami; Ciepło twojego ciała trochę topi tłuszcz, co pomaga mieszance sklejać się i daje mniej kruchego kebaba. Ugotuj mały kawałek mieszanki na patelni i posmakuj soli i innych przypraw. Dostosuj w razie potrzeby, a jeśli to konieczne, ugotuj drugi kawałek i spróbuj ponownie.
c) Gdy masa będzie już doprawiona według Twojego gustu, zwilż dłonie i zacznij formować podłużne, trójstronne klopsiki, delikatnie owijając palce wokół 2 łyżek mieszanki. Połóż małe torpedy na wyłożonej pergaminem blasze do pieczenia.
d) Aby ugotować, grilluj kebaby na rozżarzonych węglach, aż będą przyjemnie zwęglone na zewnątrz i ledwo ugotowane w ciągu około 6 do 8 minut. Gdy zaczną się rumienić, często je obracaj, aby uzyskać równą skórkę. Gotowe kebaby powinny być twarde w dotyku, ale przy ściskaniu uginać się w środku. Jeśli nie masz pewności, czy są gotowe, rozetnij jeden i sprawdź – czy jest tam różowa średnica wielkości monety otoczona brązowym pierścieniem, to gotowe!
e) Aby gotować w pomieszczeniu, postaw żeliwną patelnię na dużym ogniu, dodaj tyle oliwy z oliwek, aby pokryć dno patelni i smaż przez 6 do 8 minut, przewracając tylko raz z każdej strony.
f) Podawać natychmiast lub w temperaturze pokojowej z perskim ryżem i perskim jogurtem ziołowym lub sałatką z obranych marchewek z imbirem, limonką i Charmoulą.

# SOSY

# 45. Podstawowa sos Zielony

## SKŁADNIKI:

- 3 łyżki drobno pokrojonej szalotki (około 1 średnia szalotka)
- 3 łyżki czerwonego octu winnego
- 1/4 szklanki bardzo drobno posiekanych liści pietruszki
- 1/4 szklanki oliwy z oliwek z pierwszego tłoczenia
- Sól

## INSTRUKCJE:

a) W małej misce wymieszaj szalotkę z octem i odstaw na 15 minut, aby zmacerować.

b) W osobnej małej misce wymieszaj natkę pietruszki, oliwę z oliwek i dużą szczyptę soli.

c) Tuż przed podaniem za pomocą łyżki cedzakowej dodaj szalotkę (ale jeszcze nie ocet) do oliwy pietruszkowej. Wymieszaj, posmakuj i w razie potrzeby dodaj ocet. Spróbuj i dopraw solą. Natychmiast podawaj.

d) Resztki przykryj i przechowuj w lodówce do 3 dni.

# 46.Smażona szałwia Sos Zielony

**SKŁADNIKI:**
- Podstawowa sos Zielony
- 24 liście szałwii
- Około 2 szklanek oleju o neutralnym smaku do smażenia

**INSTRUKCJE:**
a) Postępuj zgodnie z instrukcją smażenia szałwii.
b) Tuż przed podaniem pokrusz szałwię w salsę. Posmakuj i dostosuj salsę do soli i kwasu.
c) Resztki przykryj i przechowuj w lodówce do 3 dni.

## 47.Klasyczna francuska sos ziołowa

**SKŁADNIKI:**
- 3 łyżki drobno pokrojonej szalotki (około 1 średnia szalotka)
- 3 łyżki białego octu winnego
- 2 łyżki bardzo drobno posiekanych liści pietruszki
- 1 łyżka bardzo drobno posiekanej trybuli
- 1 łyżka bardzo drobno posiekanego szczypiorku
- 1 łyżka bardzo drobno posiekanej bazylii
- 1 łyżeczka bardzo drobno posiekanego estragonu
- 5 łyżek oliwy z oliwek extra virgin
- Sól

**INSTRUKCJE:**
a) W małej misce wymieszaj szalotkę z octem i odstaw na 15 minut, aby zmacerować.
b) W osobnej małej misce wymieszaj natkę pietruszki, trybulę, szczypiorek, bazylię, estragon, oliwę z oliwek i dużą szczyptę soli.
c) Tuż przed podaniem za pomocą łyżki cedzakowej dodaj szalotkę (ale jeszcze nie ocet) do olejku ziołowego. Wymieszaj, posmakuj i w razie potrzeby dodaj ocet. Spróbuj i dopraw solą.
d) Resztki przykryj i przechowuj w lodówce do 3 dni.

## 48.Meksykańska sos ziołowa

**SKŁADNIKI:**

- 3 łyżki drobno pokrojonej szalotki (około 1 średnia szalotka)
- 3 łyżki soku z limonki
- 1/4 szklanki bardzo drobno posiekanych liści kolendry i delikatnych łodyg
- 1 łyżka mielonej papryczki jalapeño
- 2 łyżki bardzo drobno posiekanego szalotki (zielona i biała część)
- 1/4 szklanki oleju o neutralnym smaku
- Sól

**INSTRUKCJE:**

a) W małej misce wymieszaj szalotkę i sok z limonki i odstaw na 15 minut, aby zmacerować.
b) W osobnej małej misce wymieszaj kolendrę, jalapeño, szalotkę, olej i dużą szczyptę soli.
c) Tuż przed podaniem za pomocą łyżki cedzakowej dodaj szalotkę (ale jeszcze nie sok z limonki) do oleju ziołowego. Wymieszaj, posmakuj i w razie potrzeby dodaj sok z limonki. Spróbuj i dopraw solą.
d) Resztki przykryj i przechowuj w lodówce do 3 dni.

## 49. Sos ziołowa w stylu Azji Południowo-Wschodniej

## SKŁADNIKI:
- 3 łyżki drobno pokrojonej szalotki (około 1 średnia szalotka)
- 3 łyżki soku z limonki
- 1/4 szklanki bardzo drobno posiekanych liści kolendry i delikatnych łodyg
- 1 łyżka mielonej papryczki jalapeño
- 2 łyżki bardzo drobno posiekanego szalotki (zielona i biała część)
- 2 łyżeczki drobno startego imbiru
- 5 łyżek oleju o neutralnym smaku
- Sól

## INSTRUKCJE:
a) W małej misce wymieszaj szalotkę i sok z limonki i odstaw na 15 minut, aby zmacerować.
b) W osobnej małej misce wymieszaj kolendrę, jalapeño, szalotkę, imbir, olej i dużą szczyptę soli.
c) Tuż przed podaniem za pomocą łyżki cedzakowej dodaj szalotkę (ale jeszcze nie sok z limonki) do oleju ziołowego. Wymieszaj, posmakuj i w razie potrzeby dodaj sok z limonki. Spróbuj i dopraw solą.
d) Resztki przykryj i przechowuj w lodówce do 3 dni.

# 50.Sos ziołowa w stylu japońskim

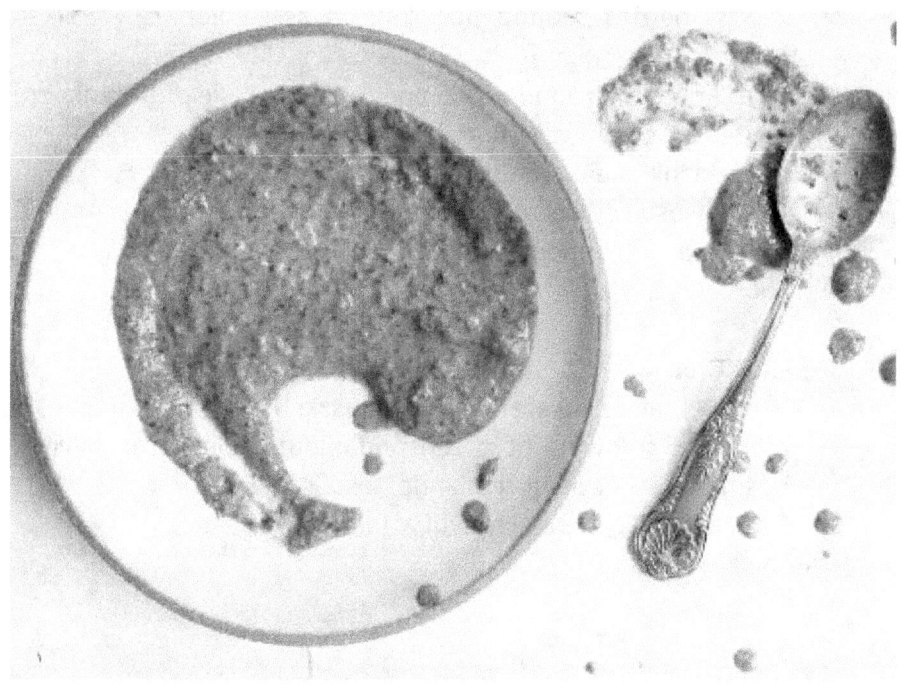

## SKŁADNIKI:

- 2 łyżki bardzo drobno posiekanych liści pietruszki
- 2 łyżki bardzo drobno posiekanych liści kolendry i delikatnych łodyg
- 2 łyżki bardzo drobno posiekanego szalotki (zielona i biała część)
- 1 łyżeczka drobno startego imbiru
- 1/4 szklanki oleju o neutralnym smaku
- 1 łyżka sosu sojowego
- 3 łyżki sezonowanego octu winnego ryżowego
- Sól

## INSTRUKCJE:

a) W małej misce połącz natkę pietruszki, kolendrę, szalotkę, imbir, olej i sos sojowy. Tuż przed podaniem dodać ocet. Wymieszaj, posmakuj i w razie potrzeby dostosuj sól i kwas.

b) Resztki przykryj i przechowuj w lodówce do 3 dni.

# 51. Sos cytrynowa Meyera

**SKŁADNIKI:**

- 1 mała cytryna Meyera
- 3 łyżki drobno pokrojonej szalotki (około 1 średnia szalotka)
- 3 łyżki białego octu winnego
- 1/4 szklanki bardzo drobno posiekanych liści pietruszki
- 1/4 szklanki oliwy z oliwek z pierwszego tłoczenia
- Sól

**INSTRUKCJE:**

a) Przekrój cytrynę wzdłuż na ćwiartki, następnie usuń środkową błonę i nasiona. Oczyszczoną cytrynę pokroić w drobną kostkę, łącznie z miąższem i skórką. W małej misce połącz kawałki cytryny i sok, jaki uda Ci się zachować, z szalotką i octem. Odstawić na 15 minut do maceracji.

b) W osobnej małej misce wymieszaj natkę pietruszki, oliwę z oliwek i dużą szczyptę soli.

c) Przed podaniem dodaj łyżką cedzakową mieszaninę cytryny Meyer i szalotki (ale jeszcze nie octu) do oleju ziołowego. Posmakuj i w razie potrzeby dopraw solą i kwasem.

d) Przechowywać w lodówce, pod przykryciem, do 3 dni.

## 52. Charmoula z Afryki Północnej

## SKŁADNIKI:

- 1/2 łyżeczki nasion kminku
- 1/2 szklanki oliwy z oliwek z pierwszego tłoczenia
- 1 szklanka grubo posiekanych liści kolendry i delikatnych łodyg
- 1 ząbek czosnku
- 1-calowa gałka imbiru, obrana i pokrojona w plasterki
- 1/2 małej papryczki jalapeño, bez łodygi
- 4 łyżeczki soku z limonki
- Sól

## INSTRUKCJE:

a) Umieść nasiona kminku na małej, suchej patelni i postaw na średnim ogniu. Stale obracaj patelnię, aby zapewnić równomierne opiekanie. Tostuj, aż kilka pierwszych nasion zacznie pękać i wydzielać pikantny aromat, około 3 minuty. Zdjąć z ognia. Natychmiast wrzuć nasiona do miski moździerza lub młynka do przypraw. Zmiel drobno ze szczyptą soli.

b) Umieść olej, prażony kminek, kolendrę, czosnek, imbir, jalapeño, sok z limonki i 2 duże szczypty soli w blenderze lub robocie kuchennym. Mieszaj, aż nie pozostaną żadne kawałki ani całe liście. Posmakuj i dostosuj sól i kwas. W razie potrzeby dodać wodę, aby rozrzedzić do pożądanej konsystencji. Przykryj i przechowuj w lodówce do momentu podania.

c) Resztki przykryj i przechowuj w lodówce do 3 dni.

## 53. Indyjski chutney kokosowo-kolendrowy

**SKŁADNIKI:**
- 1 łyżeczka nasion kminku
- 2 łyżki soku z limonki
- 1/2 szklanki świeżego lub mrożonego wiórka kokosowego
- 1 do 2 ząbków czosnku
- 1 szklanka liści i delikatnych łodyg kolendry (z około 1 pęczka)
- 12 listków świeżej mięty
- 1/2 papryczki jalapeño, łodygowej
- 3/4 łyżeczki cukru
- Sól

**INSTRUKCJE:**

a) Umieść nasiona kminku na małej, suchej patelni i postaw na średnim ogniu. Stale obracaj patelnię, aby zapewnić równomierne opiekanie. Tostuj, aż kilka pierwszych nasion zacznie pękać i wydzielać pikantny aromat, około 3 minuty. Zdjąć z ognia. Natychmiast wrzuć nasiona do miski moździerza lub młynka do przypraw. Zmiel drobno ze szczyptą soli.

b) Zmiksuj sok z limonki, kokos i czosnek w blenderze lub robocie kuchennym przez 2 minuty, aż nie pozostaną żadne duże kawałki. Dodaj prażony kminek, kolendrę, liście mięty, jalapeño, cukier i dużą szczyptę soli i kontynuuj miksowanie przez kolejne 2 do 3 minut, aż nie pozostaną żadne kawałki ani całe liście. Posmakuj i dostosuj sól i kwas. W razie potrzeby dodać wodę, aby rozrzedzić do konsystencji nadającej się do skropienia. Przykryj i przechowuj w lodówce do momentu podania.

c) Resztki przykryj i przechowuj w lodówce do 3 dni.

## 54. Salmoriglio Sos z sycylijskiego oregano

**SKŁADNIKI:**
- 1/4 szklanki bardzo drobno posiekanej natki pietruszki
- 2 łyżki bardzo drobno posiekanego świeżego oregano lub majeranku lub 1 łyżka suszonego oregano
- 1 ząbek czosnku, drobno starty lub roztarty ze szczyptą soli
- 1/4 szklanki oliwy z oliwek z pierwszego tłoczenia
- 2 łyżki soku z cytryny
- Sól

**INSTRUKCJE:**
a) Połącz pietruszkę, oregano, czosnek i oliwę z oliwek w małej misce z dużą szczyptą soli. Tuż przed podaniem dodać sok z cytryny.
b) Wymieszaj, posmakuj i dostosuj do soli i kwasu. Natychmiast podawaj.
c) Przechowywać w lodówce, pod przykryciem, do 3 dni.

## 55. Jogurt ziołowy

**SKŁADNIKI:**
- 1 1/2 szklanki jogurtu naturalnego
- 1 ząbek czosnku, drobno starty lub roztarty ze szczyptą soli
- 2 łyżki drobno posiekanej natki pietruszki
- 2 łyżki drobno posiekanych liści kolendry i delikatnych łodyg
- 8 listków mięty, drobno posiekanych
- 2 łyżki oliwy z oliwek extra virgin
- Sól

**INSTRUKCJE:**
a) W średniej misce wymieszaj jogurt, czosnek, pietruszkę, kolendrę, liście mięty i oliwę z oliwek z dużą szczyptą soli.
b) Wymieszaj, posmakuj i w razie potrzeby dopraw solą. Przykryć i schłodzić do momentu podania.
c) Resztki przykryj i przechowuj w lodówce do 3 dni.

## 56. Perski jogurt ziołowo-ogórkowy

**SKŁADNIKI:**

- 1/4 szklanki czarnych lub złotych rodzynek
- 1 1/2 szklanki jogurtu naturalnego
- 1 ogórek perski, obrany i pokrojony w drobną kostkę
- 1/4 szklanki dowolnej kombinacji drobno posiekanych świeżych liści mięty, koperku, pietruszki i kolendry
- 1 ząbek czosnku, drobno starty lub roztarty ze szczyptą soli
- 1/4 szklanki prażonych orzechów włoskich, grubo posiekanych
- 2 łyżki oliwy z oliwek extra virgin
- Obfita szczypta soli
- Opcjonalnie: suszone płatki róż do dekoracji

**INSTRUKCJE:**

a) W małej misce zanurz rodzynki we wrzącej wodzie. Pozostaw je na 15 minut, aby nawilżyły się i nabrały objętości. Odcedzić i umieścić w średniej misce.

b) Dodać jogurt, ogórek, zioła, czosnek, orzechy włoskie, oliwę z oliwek i sól. Mieszaj, aby połączyć, posmakuj i dopraw solą w razie potrzeby.

c) Schłodzić aż do podania. W razie potrzeby przed podaniem udekoruj pokruszonymi płatkami róż.

d) Resztki przykryj i przechowuj w lodówce do 3 dni.

## 57. Borani Esfenaj Perski jogurt szpinakowy

## SKŁADNIKI:

- 4 łyżki oliwy z oliwek z pierwszego tłoczenia
- 2 pęczki szpinaku, przyciętego i umytego lub 1 1/2 funta szpinaku młodego, umytego
- 1/4 szklanki drobno posiekanych liści kolendry i delikatnych łodyg
- 1 do 2 ząbków czosnku, drobno startych lub utłuczonych ze szczyptą soli
- 1 1/2 szklanki jogurtu naturalnego
- Sól
- 1/2 łyżeczki soku z cytryny

## INSTRUKCJE:

a) Rozgrzej dużą patelnię na dużym ogniu, dodaj 2 łyżki oliwy z oliwek, a gdy się zarumieni, dodaj szpinak i smaż, aż zwiędnie, około 2 minut. W zależności od wielkości patelni, być może trzeba będzie zrobić to w dwóch partiach. Natychmiast zdejmij ugotowany szpinak z patelni i ułóż w jednej warstwie na blasze wyłożonej papierem pergaminowym. Zapobiegnie to rozgotowaniu i przebarwieniu szpinaku.

b) Gdy szpinak ostygnie, odciśnij dłońmi całą wodę, a następnie drobno posiekaj.

c) W średniej misce wymieszaj szpinak, kolendrę, czosnek, jogurt i pozostałe 2 łyżki oliwy z oliwek. Doprawić solą i sokiem z cytryny. Wymieszaj, posmakuj i w razie potrzeby dostosuj sól i kwas. Schłodzić aż do podania.

d) Resztki przykryj i przechowuj w lodówce do 3 dni.

## 58. Jogurt z buraków perskich Mast-o-Laboo

**SKŁADNIKI:**

- 3 do 4 średnich czerwonych lub złotych buraków, przyciętych
- 1 1/2 szklanki jogurtu naturalnego
- 2 łyżki drobno posiekanej świeżej mięty
- Opcjonalnie: 1 łyżeczka drobno posiekanego świeżego estragonu
- 2 łyżki oliwy z oliwek extra virgin
- Sól
- 1 do 2 łyżek czerwonego octu winnego
- Opcjonalnie: nasiona czarnuszki (czarny kminek) do dekoracji

**INSTRUKCJE:**

a) Upiecz i obierz buraki. Pozwól ostygnąć.
b) Buraki zetrzeć na grubej tarce i wymieszać z jogurtem. Dodaj miętę, estragon (jeśli używasz), oliwę z oliwek, sól i 1 łyżeczkę czerwonego octu winnego. Mieszaj i smakuj. W razie potrzeby dostosuj sól i kwas. Schłodzić aż do podania. W razie potrzeby przed podaniem udekoruj nasionami czarnuszki.
c) Resztki przykryj i przechowuj w lodówce do 3 dni.

# 59. Podstawowy majonez

**SKŁADNIKI:**
- 1 żółtko w temperaturze pokojowej
- 3/4 szklanki oleju

**INSTRUKCJE:**

a) Umieść żółtko w głębokiej, średniej wielkości metalowej lub ceramicznej misce. Zwilż ściereczkę i zwiń ją w długi wałek, a następnie uformuj go w pierścień na blacie. Umieść miskę wewnątrz pierścienia – dzięki temu miska pozostanie na miejscu podczas ubijania. (A jeśli ręczne ubijanie po prostu nie wchodzi w grę, możesz użyć blendera, miksera stojącego lub robota kuchennego.)

b) Za pomocą chochli lub butelki z końcówką wlewaj kroplę oleju, jednocześnie ubijając olej z żółtkiem. Iść. Naprawdę. Powoli. I nie przestawaj ubijać. Po dodaniu około połowy oleju możesz od razu zacząć dodawać trochę więcej oleju. Jeśli majonez zgęstnieje tak bardzo, że nie będzie można go ubić, dodaj łyżeczkę lub mniej więcej wody – lub dowolnego kwasu, który planujesz dodać później – aby go rozrzedzić.

c) Resztki przykryj i przechowuj w lodówce do 3 dni.

# 60. Klasyczny majonez kanapkowy

**SKŁADNIKI:**

- 1 1/2 łyżeczki octu jabłkowego
- 1 łyżeczka soku z cytryny
- 3/4 łyżeczki żółtej musztardy w proszku
- 1/2 łyżeczki cukru
- Sól
- 3/4 szklanki sztywnego majonezu podstawowego

**INSTRUKCJE:**

a) W małej misce wymieszaj ocet i sok z cytryny i mieszaj, aby rozpuścić musztardę w proszku, cukier i dużą szczyptę soli. Mieszankę wymieszać z majonezem.

b) Posmakuj i w razie potrzeby dopraw solą i kwasem. Przykryć i schłodzić do momentu podania.

c) Resztki przykryj i przechowuj w lodówce do 3 dni.

## 61. Majonez czosnkowy Aïoli

**SKŁADNIKI:**
- Sól
- 4 łyżeczki soku z cytryny
- 3/4 szklanki sztywnego majonezu podstawowego
- 1 ząbek czosnku, drobno starty lub roztarty ze szczyptą soli

**INSTRUKCJE:**

a) Rozpuść dużą szczyptę soli w soku z cytryny. Mieszamy z majonezem, dodajemy czosnek.
b) Posmakuj i w razie potrzeby dopraw solą i kwasem. Przykryć i schłodzić do momentu podania.
c) Resztki przykryj i przechowuj w lodówce do 3 dni.

# 62. Majonez ziołowy

**SKŁADNIKI:**

- Sól
- 3/4 szklanki sztywnego majonezu podstawowego
- 1 łyżka soku z cytryny
- 4 łyżki dowolnej kombinacji bardzo drobno posiekanej natki pietruszki, szczypiorku, trybuli, bazylii i estragonu
- 1 ząbek czosnku, drobno starty lub roztarty ze szczyptą soli

**INSTRUKCJE:**

a) Rozpuść dużą szczyptę soli w soku z cytryny. Wymieszać z majonezem, dodać zioła i czosnek. Posmakuj i w razie potrzeby dopraw solą i kwasem. Przykryć i schłodzić do momentu podania.

b) Resztki przykryj i przechowuj w lodówce do 3 dni.

# 63. Majonez pieprzowy Rouille

**SKŁADNIKI:**

- Sól
- 3 do 4 łyżek czerwonego octu winnego
- 3/4 szklanki sztywnego majonezu podstawowego
- 1/3 szklanki podstawowej pasty pieprzowej
- 1 ząbek czosnku, drobno starty lub roztarty ze szczyptą soli

**INSTRUKCJE:**

a) W occie rozpuść sporą szczyptę soli.
b) Wymieszaj z majonezem, pastą pieprzową i czosnkiem.
c) Na początku wydaje się, że pasta pieprzowa i ocet rozrzedzają majonez, ale sos zgęstnieje po kilku godzinach przechowywania w lodówce.
d) Przykryć i schłodzić do momentu podania.

# 64. Sos tatarski

**SKŁADNIKI:**
- 2 łyżeczki drobno pokrojonej szalotki
- 1 łyżka soku z cytryny
- 1/2 szklanki sztywnego majonezu podstawowego
- 3 łyżki posiekanych korniszonów
- 1 łyżka solonych kaparów, namoczonych, opłukanych i posiekanych
- 2 łyżeczki drobno posiekanej natki pietruszki
- 2 łyżeczki drobno posiekanej trybuli
- 1 łyżeczka drobno posiekanego szczypiorku
- 1 łyżeczka drobno posiekanego estragonu
- 1 dziesięciominutowe jajko, grubo posiekane lub starte
- 1/2 łyżeczki białego octu winnego
- Sól

**INSTRUKCJE:**
a) W małej misce pozostaw szalotkę w soku z cytryny na co najmniej 15 minut, aby zmacerowała.
b) W średniej misce wymieszaj majonez, korniszony, kapary, pietruszkę, trybulę, szczypiorek, estragon, jajko i ocet. Sezon z solą. Dodaj pokrojoną w kostkę szalotkę, ale nie sok z cytryny. Mieszaj do połączenia, a następnie spróbuj. W razie potrzeby dodaj sok z cytryny, następnie spróbuj i dostosuj do soli i kwasu. Przykryć i schłodzić do momentu podania.
c) Resztki przykryj i przechowuj w lodówce do 3 dni.
d) Podawać z rybą w piwie lub krewetkami, Fritto Misto.
e) Sos pieprzowy
f) Sosy pieprzowe świetnie sprawdzają się jako przyprawy, dipy i pasty kanapkowe. Wiele, ale nie wszystkie, kuchnie świata zawierają przyprawy, które zaczynają się od pasty pieprzowej. I nie zawsze są nieznośnie ostre. Wymieszaj pastę pieprzową w garnkach z fasolą, ryżem, zupą lub gulaszem, aby poprawić smak. Nacieraj nim mięso przed pieczeniem lub grillowaniem lub dodaj trochę do duszenia.
g) Do majonezu dodajemy odrobinę pasty pieprzowej i mamy francuskie rouille, które idealnie nadaje się na kanapkę z konfiturą z tuńczyka. Podawaj harissę, północnoafrykański sos pieprzowy, razem z kebabem Kufte, grillowaną rybą, mięsem lub warzywami i jajkami w koszulce. Gęsty Romesco, kataloński sos pieprzowo-orzechowy, jest doskonałym dipem do warzyw i krakersów.
h) Rozcieńczyć niewielką ilością wody, aby uzyskać idealną przyprawę do pieczonych lub grillowanych warzyw, ryb i mięs. Podawaj Muhammarę, krem z Libanu z dodatkiem granatów, orzechów i pieprzu, z ciepłymi podpłomykami i surowymi warzywami.

## 65. Podstawowa pasta pieprzowa

## SKŁADNIKI:

- 3 uncje (około 10 do 15 sztuk) suszonych papryczek chili, takich jak Guajillo, Nowy Meksyk, Anaheim lub ancho
- 4 szklanki wrzącej wody
- 3/4 szklanki oliwy z oliwek z pierwszego tłoczenia
- Sól

## INSTRUKCJE:

a) Jeśli masz bardzo wrażliwą skórę, załóż gumowe rękawiczki, aby chronić palce. Wydrąż chili i wypestkuj ją, usuwając łodygę, a następnie rozrywając każdą paprykę wzdłuż. Wytrząsnąć nasiona i wyrzucić. Opłucz paprykę, zalej ją wrzącą wodą w żaroodpornej misce i połóż na niej talerz, aby ją zanurzyć. Odstaw na 30 do 60 minut, aby nawodnić, a następnie odcedź, zachowując 1/4 szklanki wody.

b) Umieść paprykę, olej i sól w blenderze lub robocie kuchennym i miksuj przez co najmniej 3 minuty, aż masa będzie całkowicie gładka. Jeśli mieszanina jest zbyt gęsta, aby blender mógł ją zmiksować, dodaj odpowiednią ilość wody, aby rozrzedzić pastę. Posmakuj i dopraw według potrzeby. Jeśli po 5 minutach miksowania pasta naddonie jest całkowicie gładka, przepuść ją przez sito o drobnych oczkach z gumową szpatułką, aby usunąć pozostałe skórki papryki.

c) Zalać olejem, szczelnie owinąć i przechowywać w lodówce do 10 dni. Zamrażaj do 3 miesięcy.

## 66. Sos pieprzowy Harissa z Afryki Północnej

**SKŁADNIKI:**

- 1 łyżeczka nasion kminku
- 1/2 łyżeczki nasion kolendry
- 1/2 łyżeczki kminku
- 1 szklanka podstawowej pasty pieprzowej
- 1/4 szklanki suszonych pomidorów, grubo posiekanych
- 1 ząbek czosnku
- Sól

**INSTRUKCJE:**

a) Umieść kminek, kolendrę i kminek na małej, suchej patelni i postaw na średnim ogniu. Stale obracaj patelnię, aby zapewnić równomierne opiekanie. Tostuj, aż kilka pierwszych nasion zacznie pękać i wydzielać pikantny aromat, około 3 minuty. Zdjąć z ognia. Natychmiast wrzuć nasiona do miski moździerza lub młynka do przypraw. Zmiel drobno ze szczyptą soli.

b) Zmiksuj pastę pieprzową, pomidory i czosnek w robocie kuchennym lub blenderze na gładką masę. Dodaj prażony kminek, kolendrę i kminek. Sezon z solą. Skosztuj i dopraw w razie potrzeby.

c) Resztki przykryj i przechowuj w lodówce do 5 dni.

## 67. Krem z pieprzu Muhammara i orzechów włoskich

**SKŁADNIKI:**
- 1 łyżeczka kminku
- 1 1/2 szklanki orzechów włoskich
- 1 szklanka podstawowej pasty pieprzowej
- 1 ząbek czosnku
- 1 szklanka prażonych posypanych bułek tartych
- 2 łyżki plus 1 łyżeczka melasy z granatów
- 2 łyżki plus 1 łyżeczka soku z cytryny
- Sól

**INSTRUKCJE:**
a) Rozgrzej piekarnik do 350°F.
b) Umieść nasiona kminku na małej, suchej patelni i postaw na średnim ogniu. Stale obracaj patelnię, aby zapewnić równomierne opiekanie. Tostuj, aż kilka pierwszych nasion zacznie pękać i wydzielać pikantny aromat, około 3 minuty. Zdjąć z ognia. Natychmiast wrzuć nasiona do miski moździerza lub młynka do przypraw. Zmiel drobno ze szczyptą soli.
c) Rozłóż orzechy włoskie w jednej warstwie na blasze do pieczenia i włóż do piekarnika. Ustaw minutnik na 4 minuty i sprawdź, czy orzechy się wyłączyły, mieszając je, aby zapewnić równomierne brązowienie. Kontynuuj opiekanie przez kolejne 2 do 4 minut, aż będą lekko rumiane na zewnątrz i chrupiące po ugryzieniu. Wyjmij z piekarnika i blachę do pieczenia i pozostaw do ostygnięcia.
d) Umieść pastę pieprzową, ostudzone orzechy włoskie i czosnek w robocie kuchennym i zmiksuj na gładką masę.
e) Dodaj melasę z granatów, sok z cytryny i kminek i pulsuj, aż się połączą. Posmakuj i dostosuj do soli i kwasu.
f) Resztki przykryj i przechowuj w lodówce do 5 dni.

## 68. pesto z bazylii

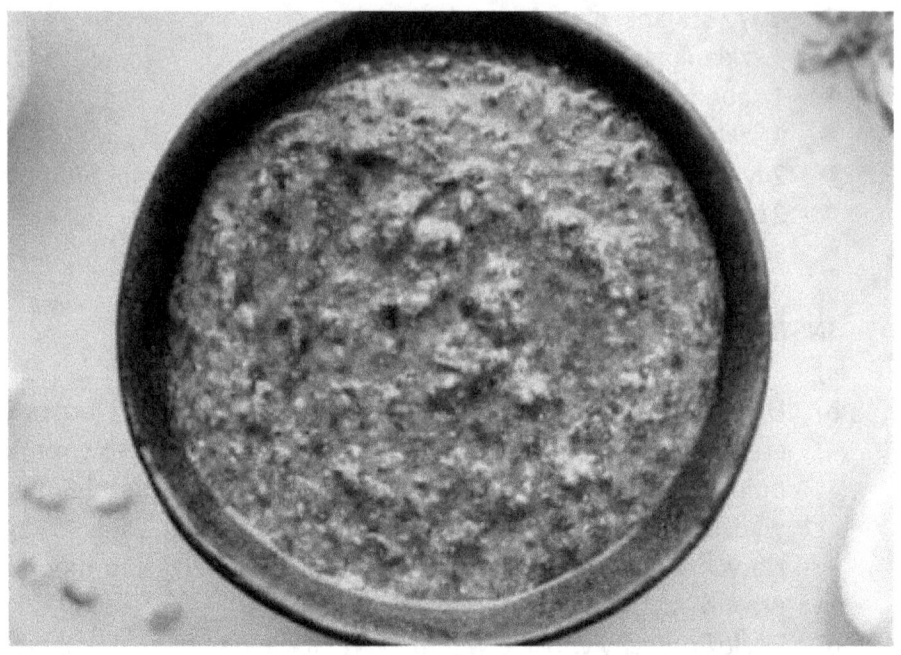

## SKŁADNIKI:

- 3/4 szklanki oliwy z oliwek z pierwszego tłoczenia
- 2 zapakowane szklanki (około 2 dużych pęczków) świeżych liści bazylii
- 1 do 2 ząbków czosnku, drobno startych lub utłuczonych ze szczyptą soli
- 1/2 szklanki orzeszków piniowych, lekko uprażonych i rozgniecionych
- 3 1/2 uncji parmezanu, drobno startego, plus więcej do podania (około 1 czubata filiżanka)
- Sól

## INSTRUKCJE:

a) Kluczem do miksowania bazylii w maszynie jest unikanie przesady, ponieważ ciepło wytwarzane przez silnik w połączeniu z utlenianiem, które może wystąpić w wyniku nadmiernego siekania, spowoduje, że bazylia stanie się brązowa.
b) Więc daj sobie przewagę i najpierw wbij nóż w bazylię.
c) Wlej także połowę oliwy z oliwek na dno blendera lub miski robota, aby bazylia jak najszybciej rozpuściła się w płyn. Następnie pulsuj, zatrzymując się i odpychając liście gumową szpatułką kilka razy na minutę, aż olejek bazyliowy zmieni się w pachnący, szmaragdowozielony wir.
d) Aby zapobiec rozmieszaniu bazylii, dokończ pesto w misce. Do średniej miski wlej olej bazyliowy, dodaj trochę czosnku, orzeszków piniowych i parmezanu. Mieszaj do połączenia, a następnie spróbuj. Czy potrzeba więcej czosnku? Więcej soli? Więcej sera? Czy jest za gruby? Jeśli tak, dodaj trochę więcej oleju lub planuj dodać trochę wody z makaronu. Masuj i spróbuj ponownie, pamiętając, że gdy pesto odpocznie przez chwilę, smaki się połączą, czosnek stanie się bardziej wyraźny, a sól się rozpuści.
e) Odstaw na kilka minut, następnie spróbuj i ponownie dostosuj. Dodaj tyle oliwy z oliwek, aby przykryła sos i zapobiegła utlenianiu.
f) Przechowywać w lodówce pod przykryciem do 3 dni lub zamrażać do 3 miesięcy.

## 69. Kandyzowany chutney owocowy

**SKŁADNIKI:**

- 2 szklanki mieszanych kandyzowanych owoców, posiekanych
- 1 szklanka suszonych moreli, posiekanych
- 1/2 szklanki rodzynek
- 1 szklanka brązowego cukru
- 1 szklanka octu jabłkowego
- 1 łyżeczka mielonego imbiru
- 1/2 łyżeczki mielonego cynamonu
- Szczypta pieprzu cayenne (opcjonalnie)

**INSTRUKCJE:**

a) W rondelku łączymy wszystkie składniki i doprowadzamy do wrzenia.
b) Zmniejsz ogień i gotuj na wolnym ogniu przez 30-40 minut lub do momentu, aż chutney zgęstnieje.
c) Pozwól mu ostygnąć przed podaniem.
d) Ten chutney dobrze komponuje się z pieczonymi mięsami, serami lub jako pasta do kanapek.

# 70. Słodko-kwaśny chutney z papai

**SKŁADNIKI:**
- 1 papaja (świeża, dojrzała lub w słoiku)
- 1 mała czerwona cebula, podzielona na bardzo cienkie segmenty
- 1 umiarkowany pomidor (do 2), pozbawiony nasion, pokrojony w małą kostkę
- ½ szklanki szalotki segmentowanej
- 1 mały ananas, pokrojony na kawałki
- 1 łyżka miodu
- Sól dla smaku
- Świeżo zmielony czarny pieprz; do smaku
- ½ świeżego jalapeno, pokrojonego w drobną kostkę

**INSTRUKCJE:**
Wymieszaj w mikserze

## 71.Chutney z pigwy z przyprawionym kardamonem

**SKŁADNIKI:**

- 2 pigwy, obrane, pozbawione gniazd nasiennych i pokrojone w kostkę
- 1 cebula, drobno posiekana
- 1/2 szklanki brązowego cukru
- 1/4 szklanki octu jabłkowego
- 1 łyżeczka mielonego kardamonu
- 1/2 łyżeczki mielonego cynamonu
- 1/4 łyżeczki zmielonych goździków
- Szczypta soli

**INSTRUKCJE:**

a) W rondelku wymieszaj pokrojone w kostkę pigwy, posiekaną cebulę, brązowy cukier, ocet jabłkowy, mielony kardamon, mielony cynamon, mielone goździki i szczyptę soli.
b) Doprowadź mieszaninę do wrzenia, następnie zmniejsz ogień i gotuj przez około 30-40 minut lub do momentu, aż pigwy będą miękkie, a chutney zgęstnieje.
c) Dostosuj słodkość i przyprawy do smaku.
d) Przed podaniem poczekaj, aż chutney z pigwy ostygnie. Świetnie komponuje się z serami, pieczonymi mięsami lub jako przyprawa do kanapek.

# OPURATKI

## 72. Winegret z czerwonego wina

**SKŁADNIKI:**
- 1 łyżka drobno pokrojonej szalotki
- 2 łyżki czerwonego octu winnego
- 6 łyżek oliwy z oliwek extra virgin
- Sól
- Świeżo zmielony czarny pieprz

**INSTRUKCJE:**

a) W małej misce lub słoiku pozostaw szalotkę w occie na 15 minut, aby zmacerowała, następnie dodaj oliwę z oliwek, dużą szczyptę soli i małą szczyptę pieprzu. Mieszaj lub wstrząśnij, aby połączyć, a następnie posmakuj liściem sałaty i w razie potrzeby dopraw solą i kwasem. Resztki przykryj i przechowuj w lodówce do 3 dni.

b) Idealny do sałat ogrodowych, rukoli, cykorii, cykorii belgijskiej, sałaty Little Gem i rzymskiej, buraków, pomidorów, wszelkiego rodzaju warzyw blanszowanych, grillowanych lub pieczonych, a także do surówki z jasnej kapusty, tłuszczu, sałatki zbożowej lub fasolowej, sałatki greckiej, wiosennej Panzanella.

# 73. Ocet balsamiczny

**SKŁADNIKI:**

- 1 łyżka drobno pokrojonej szalotki
- 1 łyżka dojrzałego octu balsamicznego
- 1 łyżka octu z czerwonego wina
- 4 łyżki oliwy z oliwek z pierwszego tłoczenia
- Sól
- Świeżo zmielony czarny pieprz

**INSTRUKCJE:**

a) W małej misce lub słoiku pozostaw szalotkę w occie na 15 minut, aby zmacerowała, następnie dodaj oliwę z oliwek, dużą szczyptę soli i szczyptę pieprzu. Mieszaj lub wstrząśnij, aby połączyć, a następnie posmakuj liściem sałaty i w razie potrzeby dopraw solą i kwasem. Resztki przykryj i przechowuj w lodówce do 3 dni.

b) Idealny do rukoli, sałat ogrodowych, endywii belgijskiej, cykorii, sałaty rzymskiej i sałaty Little Gem, wszelkiego rodzaju warzyw blanszowanych, grillowanych lub pieczonych, a także do sałatki zbożowej lub fasolowej, zimowej Panzanelli.

## 74. Winegret cytrynowy

**SKŁADNIKI:**
- 1/2 łyżeczki drobno startej skórki z cytryny (około 1/2 cytryny)
- 2 łyżki świeżo wyciśniętego soku z cytryny
- 1 1/2 łyżeczki białego octu winnego
- 5 łyżek oliwy z oliwek extra virgin
- 1 ząbek czosnku
- Sól
- Świeżo zmielony czarny pieprz

**INSTRUKCJE:**
a) Do małej miski lub słoika wlej skórkę z cytryny, sok, ocet i oliwę z oliwek. Ząbek czosnku rozgnieć dłonią o blat i dodaj do winegretu. Dopraw solidną szczyptą soli i szczyptą pieprzu. Mieszaj lub wstrząśnij, aby połączyć, a następnie posmakuj liściem sałaty i w razie potrzeby dopraw solą i kwasem. Odczekaj co najmniej 10 minut, a przed użyciem usuń ząbek czosnku.
b) Resztki przykryj i przechowuj w lodówce do 2 dni.
c) Idealny do sałatek ziołowych, rukoli, sałat ogrodowych, sałaty rzymskiej i drobnolistnej, ogórków, warzyw gotowanych oraz do sałatki z awokado, sałatki z ogolonym koprem i rzodkiewką, wolno pieczonego łososia.

## 75. Winegret limonkowy

**SKŁADNIKI:**

- 2 łyżki świeżo wyciśniętego soku z limonki (z około 2 małych limonek)
- 5 łyżek oliwy z oliwek extra virgin
- 1 ząbek czosnku
- Sól

**INSTRUKCJE:**

a) Do małej miski lub słoika wlej sok z limonki i oliwę z oliwek. Rozgnieć ząbek czosnku i dodaj do winegretu wraz ze sporą szczyptą soli. Mieszaj lub wstrząśnij, aby połączyć, a następnie posmakuj liściem sałaty i w razie potrzeby dopraw solą i kwasem. Odczekaj co najmniej 10 minut, a przed użyciem usuń czosnek.

b) Resztki przykryj i przechowuj w lodówce do 3 dni.

c) Idealny do sałat ogrodowych, sałaty Little Gem i rzymskiej, plasterków ogórków oraz do sałatki z awokado, sałatki z ogolonej marchewki, sałatki shirazi, wolno pieczonego łososia.

# 76. Winegret Pomidorowy

## SKŁADNIKI:

- 2 łyżki pokrojonej w kostkę szalotki
- 2 łyżki czerwonego octu winnego
- 1 łyżka dojrzałego octu balsamicznego
- 1 duży lub dwa małe, bardzo dojrzałe pomidory (około 8 uncji)
- 4 liście bazylii, porwane na duże kawałki
- 1/4 szklanki oliwy z oliwek z pierwszego tłoczenia
- 1 ząbek czosnku
- Sól

## INSTRUKCJE:

a) W małej misce lub słoiku pozostaw szalotkę w occie na 15 minut, aby zmacerowała.

b) Przekrój pomidora w poprzek. Zetrzyj na największej tarce pudełkowej i usuń skórę. Powinno zostać z 1/2 szklanki startego pomidora. Dodaj go do szalotki. Dodaj liście bazylii, oliwę z oliwek i dużą szczyptę soli. Rozgnieć czosnek dłonią o blat i dodaj do sosu. Wstrząsnąć lub wymieszać, aby połączyć. Posmakuj grzanką lub plasterkiem pomidora i w razie potrzeby dopraw solą i kwasem. Odczekaj co najmniej 10 minut, a przed użyciem usuń czosnek.

c) Resztki przykryj i przechowuj w lodówce do 2 dni.

d) Idealny do plasterków pomidorów oraz do sałatki z awokado, sałatki caprese, letniej panzanelli, tostów z sałatką z ricottą i pomidorami, letniej sałatki z pomidorów i ziół.

# 77. Winegret z winem ryżowym

**SKŁADNIKI:**

- 2 łyżki sezonowanego octu winnego ryżowego
- 4 łyżki oleju o neutralnym smaku
- 1 ząbek czosnku
- Sól

**INSTRUKCJE:**

a) Do małej miski lub słoika wlej ocet i oliwę z oliwek. Ząbek czosnku rozgnieć dłonią o blat i dodaj do sosu.
b) Mieszaj lub wstrząśnij, aby połączyć, a następnie posmakuj liściem sałaty i w razie potrzeby dopraw solą i kwasem. Odczekaj co najmniej 10 minut, a następnie usuń czosnek przed użyciem sosu.
c) Resztki przykryj i przechowuj w lodówce do 3 dni.
d) Idealny do sałat ogrodowych, sałaty rzymskiej i Little Gem, startej rzodkiewki daikon, marchwi lub ogórków oraz do dowolnej sałatki z awokado.

# 78. Ubieranie się do sałatki Cezara

**SKŁADNIKI:**
- 4 sardele solone (lub 8 filetów), namoczone i filetowane
- 3/4 szklanki sztywnego majonezu podstawowego
- 1 ząbek czosnku, drobno starty lub roztarty ze szczyptą soli
- 3 do 4 łyżek soku z cytryny
- 1 łyżeczka białego octu winnego
- 3-uncjowy kawałek parmezanu, drobno starty (około 1 filiżanki) plus trochę do podania
- 3/4 łyżeczki sosu Worcestershire
- Świeżo zmielony czarny pieprz
- Sól

**INSTRUKCJE:**

a) Grubo posiekaj anchois, a następnie utrzyj je w moździerzu na drobną masę. Im bardziej je rozbijesz, tym lepszy będzie ubieranie się.

b) W średniej misce wymieszaj anchois, majonez, czosnek, sok z cytryny, ocet, parmezan, sos Worcestershire i pieprz. Posmakuj listkiem sałaty, następnie dodaj sól i w razie potrzeby dostosuj kwas. Możesz też, ćwicząc zdobytą wiedzę na temat nakładania soli warstwowej, stopniowo dodawaj po trochu każdego słonego składnika do majonezu. Dostosuj kwas, a następnie posmakuj i dostosuj słone składniki, aż osiągniesz idealną równowagę soli, tłuszczu i kwasu. Czy kiedykolwiek wprowadzenie w życie lekcji, którą przeczytałeś w książce, było tak pyszne? Wątpię.

c) Aby przygotować sałatkę, wymieszaj rękami warzywa i podarte grzanki z dużą ilością sosu w dużej misce, aby równomiernie się nimi pokryły. Udekoruj parmezanem i świeżo zmielonym czarnym pieprzem i natychmiast podawaj.

d) Resztę sosu przechowywać w lodówce, pod przykryciem, do 3 dni.

e) Idealny do sałaty rzymskiej i Little Gem, cykorii, surowego lub blanszowanego jarmużu, golonej brukselki i endywii belgijskiej.

## 79. Kremowy ubieranie się ziołowy

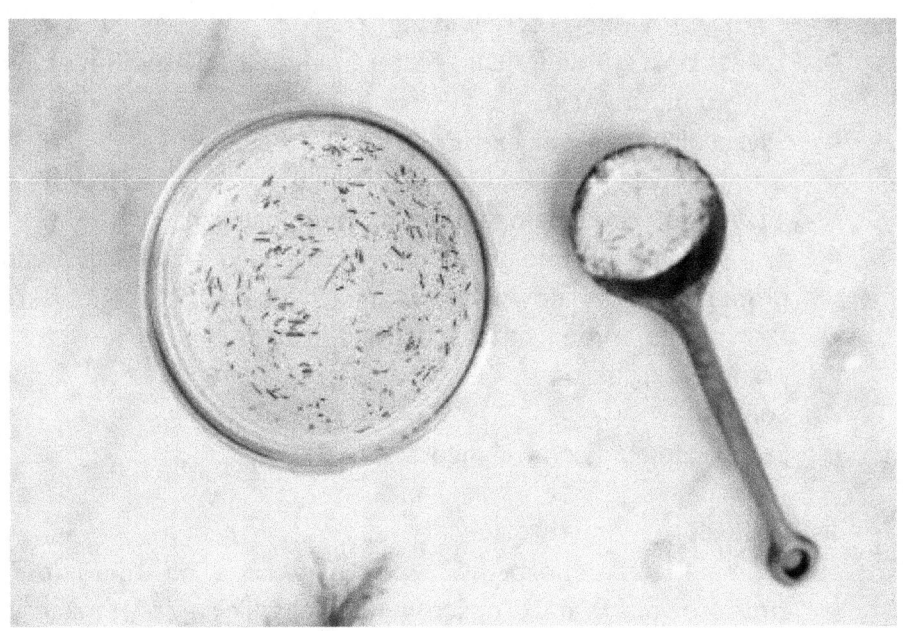

**SKŁADNIKI:**

- 1 łyżka drobno pokrojonej szalotki
- 2 łyżki czerwonego octu winnego
- 1/2 szklanki crème fraîche, gęstej śmietanki, kwaśnej śmietany lub jogurtu naturalnego
- 3 łyżki oliwy z oliwek extra virgin
- 1 mały ząbek czosnku, drobno starty lub roztarty ze szczyptą soli
- 1 szalotka, biała i zielona część drobno posiekana
- 1/4 szklanki drobno posiekanych miękkich ziół, w dowolnych proporcjach. Użyj dowolnej kombinacji pietruszki, kolendry, kopru, szczypiorku, trybuli, bazylii i estragonu
- 1/2 łyżeczki cukru
- Sól
- Świeżo zmielony czarny pieprz

**INSTRUKCJE:**

a) W małej misce pozostaw szalotkę w occie na 15 minut, aby zmacerowała. W dużej misce wymieszaj szalotkę i ocet macerujący z crème fraîche, oliwą z oliwek, czosnkiem, szalotką, ziołami, cukrem, dużą szczyptą soli i szczyptą czarnego pieprzu. Posmakuj listkiem sałaty, a następnie w razie potrzeby dopraw solą i kwasem.

b) Resztki przechowywać w lodówce, pod przykryciem, do 3 dni.

c) Idealnie pasuje do rzymskiej sałaty, łódeczek lodowych, sałaty Little Gem, buraków, ogórków, cykorii belgijskiej oraz do podawania z grillowaną rybą lub pieczonym kurczakiem, maczanymi surówkami, podawany obok smażonych potraw.

# 80.Sos z sera pleśniowego

**SKŁADNIKI:**

- 5 uncji kremowego sera pleśniowego, takiego jak Roquefort, Bleu d'Auvergne lub Maytag Blue, pokruszonego
- 1/2 szklanki crème fraîche, kwaśnej śmietany lub gęstej śmietanki
- 1/4 szklanki oliwy z oliwek z pierwszego tłoczenia
- 1 łyżka octu z czerwonego wina
- 1 mały ząbek czosnku, drobno starty lub roztarty ze szczyptą soli
- Sól

**INSTRUKCJE:**

a) W średniej misce użyj trzepaczki, aby dokładnie połączyć ser, crème fraîche, oliwę z oliwek, ocet i czosnek. Alternatywnie, umieść wszystko w słoiku, zamknij pokrywkę i energicznie wstrząśnij, aby połączyć. Posmakuj listkiem sałaty, następnie dodaj sól i w razie potrzeby dostosuj kwas.

b) Resztki przechowywać w lodówce, pod przykryciem, do 3 dni.

c) Idealne do cykorii belgijskiej, cykorii, ćwiartek lodowych, Little Gem i sałaty rzymskiej. Sos ten doskonale sprawdzi się również jako sos do steku czy dip do marchewki i ogórków.

# 81. Ubiór Zielonej Bogini

**SKŁADNIKI:**

- 3 sardele w soli (lub 6 filetów), namoczone i filetowane
- 1 dojrzałe, średnie awokado, przekrojone na pół i pozbawione pestek
- 1 ząbek czosnku, pokrojony w plasterki
- 4 łyżeczki czerwonego octu winnego
- 2 łyżki plus 2 łyżeczki soku z cytryny
- 2 łyżki drobno posiekanej natki pietruszki
- 2 łyżki drobno posiekanej kolendry
- 1 łyżka drobno posiekanego szczypiorku
- 1 łyżka drobno posiekanej trybuli
- 1 łyżeczka drobno posiekanego estragonu
- 1/2 szklanki sztywnego majonezu podstawowego
- Sól

**INSTRUKCJE:**

a) Grubo posiekaj anchois, a następnie utrzyj je w moździerzu na drobną masę. Im bardziej je rozbijesz, tym lepszy będzie ubieranie się.

b) Umieść anchois, awokado, czosnek, ocet, sok z cytryny, zioła i majonez w blenderze lub robocie kuchennym z dużą szczyptą soli i miksuj, aż uzyskasz kremową, gęstą i gładką masę. Posmakuj i w razie potrzeby dopraw solą i kwasem. Pozostaw Green Goddess gęsty do użycia jako dip lub rozcieńczony wodą do pożądanej konsystencji na sos sałatkowy.

c) Resztki przechowywać w lodówce, pod przykryciem, do 3 dni.

d) Idealnie pasuje do rzymki, ćwiartek lodowych, sałaty Little Gem, buraków, ogórków, cykorii belgijskiej, do podawania z grillowaną rybą lub pieczonym kurczakiem, dipami crudité oraz do sałatki z awokado.

# 82. Sos Tahini

**SKŁADNIKI:**
- 1/2 łyżeczki nasion kminku lub 1/2 łyżeczki mielonego kminku
- Sól
- 1/2 szklanki tahini
- 1/4 szklanki świeżo wyciśniętego soku z cytryny
- 2 łyżki oliwy z oliwek extra virgin
- 1 ząbek czosnku, drobno starty lub roztarty ze szczyptą soli
- 1/4 łyżeczki mielonego pieprzu cayenne
- 2 do 4 łyżek wody z lodem

**INSTRUKCJE:**

a) Umieść nasiona kminku na małej, suchej patelni i postaw na średnim ogniu. Stale obracaj patelnię, aby zapewnić równomierne opiekanie. Tostuj, aż kilka pierwszych nasion zacznie pękać i wydzielać pikantny aromat, około 3 minuty. Zdjąć z ognia. Natychmiast wrzuć nasiona do miski moździerza lub młynka do przypraw. Zmiel drobno ze szczyptą soli.

b) W średniej misce umieść kminek, tahini, sok z cytryny, oliwę, czosnek, cayenne, 2 łyżki wody z lodem i dużą szczyptę soli i wymieszaj. Alternatywnie zmiksuj wszystko razem w robocie kuchennym. Na początku mieszanina może wyglądać na zepsutą, ale miej pewność, że po mieszaniu połączy się w gładką, kremową emulsję. W razie potrzeby dodaj wodę, aby rozrzedzić do pożądanej konsystencji – pozostaw gęstą masę do użycia jako dip i rozrzedź do sałatek, warzyw lub mięsa. Posmakuj listkiem sałaty, a następnie w razie potrzeby dopraw solą i kwasem.

c) Resztki przechowywać w lodówce, pod przykryciem, do 3 dni.

## 83. Sos Miso-Musztardowy

**SKŁADNIKI:**
- 4 łyżki białej lub żółtej pasty miso
- 2 łyżki miodu
- 2 łyżki musztardy Dijon
- 4 łyżki octu winnego ryżowego
- 1 łyżeczka drobno startego imbiru

**INSTRUKCJE:**
a) W średniej misce użyj trzepaczki, aby dokładnie połączyć wszystko, aż będzie gładkie. Alternatywnie, umieść wszystkie składniki w słoiku, zamknij pokrywkę i energicznie wstrząśnij, aby połączyć. Posmakuj listkiem sałaty, a następnie w razie potrzeby dostosuj kwasowość.
b) Idealny do wymieszania z pokrojoną w plasterki surową kapustą lub jarmużem, sałatami ogrodowymi, sałatą rzymską i sałatą Little Gem, endywią belgijską i polewą grillowaną rybą, resztkami pieczonego kurczaka lub pieczonymi warzywami.

# 84. Ubieranie się Orzechowo-Limonkowy

## SKŁADNIKI:
- 1/4 szklanki świeżo wyciśniętego soku z limonki
- 1 łyżka sosu rybnego
- 1 łyżka octu winnego ryżowego
- 1 łyżeczka sosu sojowego
- 1 łyżka drobno startego imbiru
- 1/4 szklanki masła orzechowego
- 1/2 papryczki jalapeño, pozbawiona łodygi i pokrojona w plasterki
- 3 łyżki oleju o neutralnym smaku
- 1 ząbek czosnku, pokrojony w plasterki
- Opcjonalnie: 1/4 szklanki grubo posiekanych liści kolendry

## INSTRUKCJE:
a) Wszystkie składniki umieszczamy w blenderze lub robocie kuchennym i miksujemy na gładką masę. Rozcieńczyć wodą do pożądanej konsystencji – pozostawić gęstą do użycia jako dip i rozcieńczyć do sałatek, warzyw lub mięsa. Posmakuj listkiem sałaty, a następnie w razie potrzeby dopraw solą i kwasem.

b) Resztki przechowywać w lodówce, pod przykryciem, do 3 dni.

c) Idealne do ogórków, makaronu ryżowego lub soba, sałaty rzymskiej i podawane z grillowanym lub pieczonym kurczakiem, stekiem lub wieprzowiną.

# CIASTO

## 85.Ciasto na ciasto maślane

**SKŁADNIKI:**
- 2 1/4 szklanki (12 uncji) mąki uniwersalnej
- 1 hojna łyżka cukru
- Duża szczypta soli
- 16 łyżek stołowych (8 uncji) schłodzonego, niesolonego masła, pokrojonego w kostkę o wielkości 1/2 cala
- Około 1/2 szklanki wody z lodem
- 1 łyżeczka białego octu

**INSTRUKCJE:**

a) Do miski miksera z przystawką do mieszania włóż mąkę, cukier i sól, a następnie zamroź całość na 20 minut (jeśli nie mieścisz miski w zamrażarce, po prostu zamroź składniki). Zamrozić także masło i wodę z lodem.

b) Załóż misę na mikser i ustaw najniższą prędkość. Dodaj pokrojone w kostkę masło, kilka kawałków na raz i mieszaj, aż masło będzie wyglądać jak połamane kawałki orzecha włoskiego. Wyraźne kawałki masła tworzą piękne płatki w cieście, więc unikaj nadmiernego mieszania.

c) Dodaj ocet cienkim strumieniem. Dodaj wystarczającą ilość wody i mieszaj tak mało, jak to możliwe, aż ciasto będzie ledwo trzymać się razem – prawdopodobnie będziesz potrzebować blisko całej 1/2 szklanki. Niektóre kudłate kawałki są w porządku. Jeśli nie jesteś pewien, czy ciasto potrzebuje więcej wody, zatrzymaj mikser i weź garść ciasta na dłoń. Ściśnij mocno, a następnie delikatnie spróbuj rozerwać. Jeśli bardzo łatwo się kruszy i wydaje się bardzo suche, dodaj więcej wody. Jeśli trzyma się razem lub rozpada się na kilka kawałków, gotowe.

d) Na blacie wyciągnij długi kawałek folii z rolki, ale go nie przecinaj. Szybkim, nieustraszonym ruchem odwróć miskę na plastikowe opakowanie. Wyjmij miskę i unikaj dotykania ciasta. Wytnij plastik z rolki i podnosząc oba końce, użyj go, aby całe ciasto uformowało się w kulę. Nie martw się, jeśli zostanie kilka suchych kawałków – mąka z czasem równomiernie wchłonie wilgoć. Owiń ciasno plastikiem ciasto, tworząc kulkę. Za pomocą ostrego noża przetnij kulkę na pół przez plastik, ponownie owiń każdą połówkę folią i wciśnij każdą połówkę w dysk. Schładzaj przez co najmniej 2 godziny lub przez noc.

e) Aby zamrozić nieopakowane, przygotowane ciasto na okres do 2 miesięcy, zawiń je podwójnie w folię, a następnie zawiń w folię aluminiową, aby zapobiec oparzeniom spowodowanym zamrożeniem. Przed użyciem ciasto należy rozmrozić w lodówce przez noc.

# 86.Tarta Ciasto

**SKŁADNIKI:**
- 1 2/3 szklanki (8 1/2 uncji) mąki uniwersalnej
- 2 łyżki (1 uncja) cukru
- 1/4 łyżeczki proszku do pieczenia
- 1 łyżeczka soli koszernej lub 1/2 łyżeczki drobnej soli morskiej
- 8 łyżek (4 uncje) niesolonego masła pokrojonego w kostkę 1/2 cala, schłodzonego
- 6 łyżek stołowych (3 uncje) crème fraîche lub gęstej śmietany, schłodzonej
- 2 do 4 łyżek wody z lodem

**INSTRUKCJE:**

a) W misie miksera wymieszaj mąkę, cukier, proszek do pieczenia i sól. Zamrażaj razem z masłem i nasadką do wioseł na 20 minut. Schłodź crème fraîche i śmietankę w lodówce.

b) Postaw miskę z suchymi składnikami na mikserze stojącym i załóż nasadkę łopatkową. Zmniejsz prędkość do niskiej i powoli dodawaj kostki masła. Po dodaniu masła możesz zwiększyć prędkość do średnio-niskiej.

c) Wcieraj masło, aż będzie wyglądało jak kawałki wielkości połamanego orzecha włoskiego (nie mieszaj zbyt długo – kawałki masła są dobre!). Zajmie to około 1 do 2 minut w mikserze stojącym, nieco dłużej ręcznie.

d) Dodaj crème fraîche. W niektórych przypadkach wystarczy to do związania ciasta przy odrobinie mieszania. W innych przypadkach może być konieczne dodanie łyżki lub dwóch wody z lodem. Powstrzymaj chęć dodania dużej ilości wody lub miksowania tak długo, aby ciasto całkowicie się złączyło. Niektóre kudłate kawałki są w porządku. Jeśli nie jesteś pewien, czy ciasto potrzebuje więcej wody, zatrzymaj mikser i weź garść ciasta na dłoń. Ściśnij mocno, a następnie delikatnie spróbuj rozerwać. Jeśli bardzo łatwo się kruszy i wydaje się bardzo suche, dodaj więcej wody. Jeśli trzyma się razem lub rozpada się na kilka kawałków, gotowe.

e) Na blacie wyciągnij długi kawałek folii z rolki, ale go nie przecinaj. Szybkim, nieustraszonym ruchem odwróć miskę na plastikowe opakowanie. Wyjmij miskę i unikaj dotykania ciasta.

f) Odetnij plastikową rolkę i podnosząc oba końce, użyj go, aby całe ciasto uformowało się w kulę. Nie martw się, jeśli zostaną jakieś suche kawałki – mąka z czasem równomiernie wchłonie wilgoć. Wystarczy ciasno owinąć ciasto folią, wcisnąć kulkę w dysk i schłodzić przez co najmniej 2 godziny lub przez noc.

g) Aby zamrozić ciasto na okres do 2 miesięcy, zawiń je dwukrotnie w folię, a następnie zawiń w folię aluminiową, aby zapobiec poparzeniom spowodowanym zamrożeniem. Przed użyciem ciasto należy rozmrozić w lodówce przez noc.

# SŁODYCZE I DESERY

# 87. Granola z oliwy z oliwek i soli morskiej

**SKŁADNIKI:**

- 3 szklanki (10 1/2 uncji) staromodnych płatków owsianych
- 1 szklanka (4 1/2 uncji) łuskanych nasion dyni
- 1 szklanka (5 uncji) łuskanych nasion słonecznika
- 1 szklanka (2 1/4 uncji) niesłodzonych chipsów kokosowych
- 1 1/2 szklanki (5 1/4 uncji) przekrojonych na pół orzechów pekan
- 2/3 szklanki czystego syropu klonowego, najlepiej ciemnego i mocnego, klasy A
- 1/2 szklanki oliwy z oliwek z pierwszego tłoczenia
- 1/3 szklanki (2 3/4 uncji) brązowego cukru
- Sel gris lub sól morska Maldon
- Opcjonalnie: 1 szklanka (5 uncji) suszonych wiśni lub suszonych moreli w ćwiartkach

**INSTRUKCJE:**
a) Rozgrzej piekarnik do 300°F. Wyłóż obramowaną blachę do pieczenia papierem pergaminowym. Odłożyć na bok.
b) Umieść płatki owsiane, pestki dyni, nasiona słonecznika, kokos, orzechy pekan, syrop klonowy, oliwę z oliwek, brązowy cukier i 1 łyżeczkę soli w dużej misce i mieszaj, aż dobrze się połączą. Rozłóż mieszaninę granoli równą warstwą na przygotowanej blasze do pieczenia.
c) Wsuń do piekarnika i piecz, mieszając metalową szpatułką co 10 do 15 minut, aż granola będzie opiekana i bardzo chrupiąca, około 45 do 50 minut.
d) Wyjmij granolę z piekarnika i dopraw solą do smaku.
e) Całkowicie ostudzić. W razie potrzeby dodaj suszone wiśnie lub morele.
f) Przechowywać w szczelnym pojemniku do 1 miesiąca.
g) Cztery rzeczy, które można zrobić z owocami
h) W większości przypadków najlepszą rzeczą w przypadku owoców jest znalezienie ich doskonale dojrzałego kawałka i cieszenie się nim bez wychodzenia z domu. Liczne plamy spływające z przodu praktycznie każdej koszuli, którą posiadam, świadczą o tym, że przez całe lato stosuję ten pogląd w praktyce, dodając jagody, nektarynki, brzoskwinie, śliwki, melony i wszystko, co wpadnie mi w ręce. Jak twierdzi naukowiec zajmujący się kuchnią, Harold McGee, „cała gotowana żywność ma aspiracje do stanu owoców". Ponieważ nie sądzę, że można wiele zrobić, aby ulepszyć owoce, sugeruję następną najlepszą rzecz, czyli robić z nimi jak najmniej. Oprócz tart i ciast, to są moje cztery sposoby na pochwalenie się chwałą dojrzałych owoców.
i) Właśnie dlatego, że te przepisy są tak proste, wymagają rozpoczęcia od najsmaczniejszych owoców, jakie możesz dostać. Używaj dojrzałych owoców w szczycie sezonu (lub, w przypadku Granity, mrożonych owoców, które są zamrożone w szczytowym momencie). Nie pożałujesz dodatkowego wysiłku.

## 88. Klasyczna szarlotka

**SKŁADNIKI:**
- 1 przepis (2 krążki) schłodzone ciasto na ciasto maślane
- 2 1/2 funta kwaśnych jabłek, takich jak Honeycrisp, Fuji lub Sierra Beauty (około 5 dużych jabłek)
- 1/2 łyżeczki mielonego cynamonu
- 1/4 łyżeczki zmielonego ziela angielskiego
- 1/2 łyżeczki soli koszernej lub 1/4 łyżeczki drobnej soli morskiej
- 1/2 szklanki plus 1 łyżka (4 1/2 uncji) ciemnobrązowego cukru, pakowane
- 3 łyżki mąki uniwersalnej plus więcej do obtoczenia
- 1 łyżka octu jabłkowego
- 2 łyżki gęstej śmietanki
- Cukier granulowany lub demerara do posypania

**INSTRUKCJE:**
a) Rozgrzej piekarnik do 425°F i ustaw stojak w pozycji środkowej.
b) Rozwałkuj jeden krążek schłodzonego ciasta na dobrze posypanej mąką desce, aż uzyska grubość około 1/8 cala i średnicę 12 cali. Owiń go wokół lekko oprószonego mąką wałka do ciasta i podnieś. Umieść ciasto na 9-calowej formie do ciasta i rozwiń, delikatnie dociskając je do rogów formy.
c) Przytnij nadmiar ciasta nożyczkami, pozostawiając około 1-centymetrowy zwis, i zamrażaj na 10 minut. Zachowaj i schłódź również przycięte kawałki. Drugi krążek ciasta rozwałkować na te same wymiary, wyciąć w środku otwór do parowania i schłodzić w lodówce.
d) W międzyczasie obierz jabłka, wydrąż gniazda nasienne i pokrój jabłka w plasterki o grubości 3/4 cala. Umieść jabłka, cynamon, ziele angielskie, sól, cukier, mąkę i ocet w dużej misce i wymieszaj. Nadzienie włóż do przygotowanej formy do pieczenia ciasta. Użyj wałka do ciasta, tak jak to zrobiłeś w przypadku pierwszego krążka ciasta, aby podnieść i delikatnie rozwinąć drugi okrąg nad nadzieniem. Użyj nożyczek, aby przyciąć obie skórki jednocześnie, pozostawiając 1/2-calowy zwis.
e) Wsuń 1/4 cala krawędzi pod siebie, aby mieć zwinięty cylinder, który siedzi na krawędzi talerza. Pracuj jedną ręką wewnątrz

krawędzi ciasta, a drugą na zewnątrz. Palcem wskazującym wewnętrznej dłoni wciśnij ciasto pomiędzy kciukiem a palcem wskazującym zewnętrznej dłoni, tworząc kształt litery V. Kontynuuj po całym cieście, zachowując odstępy V od siebie o około cal.

f) Podczas zagniatania wyciągnij ciasto tuż za krawędź patelni. Zmniejszy się w trakcie pieczenia. Ewentualne dziury załatać kawałkami ciasta.

g) Zamrozić całe ciasto na 20 minut. Po wyjęciu z zamrażarki ułóż ciasto na blasze wyłożonej papierem do pieczenia.

h) Wierzch ciasta posmaruj obficie gęstą śmietaną, a następnie posyp cukrem. Piec na środkowej półce w temperaturze 200°F przez 15 minut, następnie zmniejszyć temperaturę do 200°F i piec kolejne 15 do 20 minut, aż ciasto będzie lekko złociste.

i) Zmniejsz temperaturę do 350°F i piecz aż do końca, kolejne 45 minut. Przed pokrojeniem ciasto należy pozostawić na 2 godziny do ostygnięcia na metalowej kratce.

# 89. klasyczne ciasto dyniowe

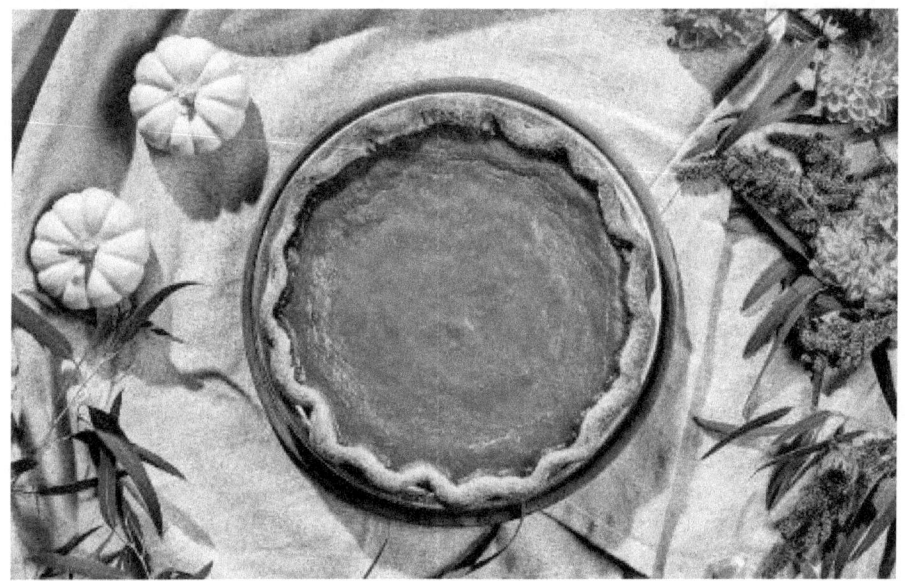

**SKŁADNIKI:**

- 1/2 przepisu (1 dysk) schłodzone ciasto na ciasto maślane
- Mąka do obtoczenia
- 2 duże jajka
- 1 1/2 szklanki ciężkiej śmietanki
- 15 uncji (1 duża puszka) puree z dyni
- 3/4 szklanki (5 1/4 uncji) cukru
- 1 łyżeczka soli koszernej lub 1/2 łyżeczki drobnej soli morskiej
- 1 1/2 łyżeczki mielonego cynamonu
- 1 łyżeczka mielonego imbiru
- 1/2 łyżeczki zmielonych goździków

**INSTRUKCJE:**
a) Rozgrzej piekarnik do 425°F i ustaw stojak w pozycji środkowej.
b) Rozwałkuj schłodzone ciasto na dobrze posypanej mąką desce, aż osiągnie grubość około 1/8 cala i średnicę 12 cali. Owiń go wokół lekko oprószonego mąką wałka do ciasta i podnieś. Umieść ciasto na 9-calowej formie do ciasta i rozwiń, delikatnie dociskając je do rogów formy.
c) Przytnij nadmiar ciasta nożyczkami, pozostawiając zwis około 3/4 cala. Zachowaj ozdoby.
d) Zagniataj ciasto, zwijając je pod sobą, tak aby powstał zwinięty wałek, który znajduje się na krawędzi blachy do ciasta. Pracuj jedną ręką wewnątrz krawędzi ciasta, a drugą na zewnątrz. Palcem wskazującym wewnętrznej dłoni wciśnij ciasto pomiędzy kciukiem a palcem wskazującym zewnętrznej dłoni, tworząc kształt litery V.
e) Kontynuuj po całym cieście, zachowując odstępy V od siebie o około cal. Podczas zagniatania wyciągnij ciasto tuż za krawędź patelni. Zmniejszy się w trakcie pieczenia. Ewentualne dziury załatać kawałkami ciasta. Całość nakłuwamy widelcem i zamrażamy na 15 minut.
f) Jajka wbij do średniej miski i rozbij trzepaczką. Do miski dodać śmietanę, puree z dyni, cukier, sól i przyprawy i dokładnie wymieszać do połączenia. Wlać mieszaninę kremu do zamrożonej skorupy.
g) Piec w temperaturze 150°F przez 15 minut, następnie zmniejszyć temperaturę do 325°F i piec, aż środek ledwo się zetnie, czyli około 40 minut dłużej. Przed pokrojeniem odczekaj godzinę na kratce do ostygnięcia.
h) Podawać z pikantną bitą wanilią, cynamonem lub kremem karmelowym.

# 90.Lekkie i kruche ciasteczka maślane

**SKŁADNIKI:**
- 3 1/2 szklanki (18 1/2 uncji) mąki uniwersalnej
- 4 łyżeczki proszku do pieczenia
- 1 łyżeczka soli koszernej lub 1/2 łyżeczki drobnej soli morskiej
- 16 łyżek (8 uncji) niesolonego masła, pokrojonego w kostkę 1/2 cala i schłodzonego
- 1 szklanka maślanki, schłodzonej
- 1 szklanka gęstej śmietany, schłodzonej, plus 1/4 szklanki więcej do posmarowania ciastek

**INSTRUKCJE:**
a) Rozgrzej piekarnik do 450°F. Dwie blachy do pieczenia wyłóż papierem pergaminowym.
b) Zamrozić pokrojone w kostkę masło i maślankę na 15 minut.
c) Umieść mąkę, proszek do pieczenia i sól w misie miksera stojącego wyposażonego w przystawkę do łopatek i mieszaj przy niskiej prędkości aż do połączenia, około 30 sekund.
d) Dodaj połowę masła, po kilka kawałków na raz, i kontynuuj mieszanie na niskiej prędkości, aż mieszanina będzie wyglądać na piaszczystą i nie będą widoczne żadne wyraźne kawałki masła, około 8 minut.
e) Dodaj resztę masła i kontynuuj mieszanie, aż kawałki masła będą wielkości dużego groszku, około 4 minuty.
f) Przenieś mieszaninę do dużej, szerokiej miski i bardzo krótko spłaszcz palcami największe kawałki masła: posyp dłonie mąką i przesuwaj kciukiem od czubka małego palca do czubka palca wskazującego po opuszkach palców, tak jak Ty robię „Cha-ching!" Gotówka!" ruch.
g) Utwórz zagłębienie na środku mieszanki. Do dołka wlać maślankę i 1 szklankę śmietanki. Mieszaj gumową szpatułką szerokimi, okrężnymi ruchami, aż ciasto będzie mniej więcej jednolite. Ciasto może naddowyglądać na puszyste, ale to nie problem.
h) Lekko posyp blat mąką i wyjmij ciasto z miski. Delikatnie rozwałkuj ciasto na prostokąt o grubości 3/4 cala i wymiarach około 9 cali na 13 cali. Złóż ciasto na pół, następnie złóż je ponownie, a następnie złóż trzeci raz, a następnie za pomocą wałka delikatnie rozwałkuj

ciasto na prostokąt o grubości 3/4 cala, około 9 cali na 13 cali. Jeśli wierzch ciasta nie jest jeszcze gładki, delikatnie powtórz wałkowanie i składanie jeszcze jeden lub dwa razy, aż będzie gładkie.

i) Lekko posyp blat mąką i rozwałkuj ciasto na wysokość około 1 1/4 cala. Przecinaj prosto w dół za pomocą foremki do ciastek o średnicy 2 1/2 cala, wycierając i posypując mąką nóż pomiędzy każdym nacięciem. Dzięki temu ciastka wyrosną prosto do góry, zamiast się przechylać. Resztki ponownie zwiń, a resztę ciasta pokrój w ciasteczka.

j) Ułóż ciasteczka na przygotowanej blasze do pieczenia w odległości około 1/2 cala i obficie posmaruj ich wierzch kremem. Piec w temperaturze 150°F przez 8 minut, następnie obróć patelnie i zmień położenie piekarnika. Kontynuuj pieczenie przez kolejne 8 do 10 minut, aż ciastka staną się złotobrązowe i będą lekkie po podniesieniu.

k) Przełóż ciasteczka na metalową kratkę i studź przez 5 minut. Podawać na ciepło.

l) Aby zamrozić ciastka na okres do 6 tygodni, zamroź pokrojone ciastka w jednej warstwie na blasze do pieczenia, aż staną się twarde, a następnie przenieś do plastikowej torebki do zamrażania i zamroź. Do pieczenia nie rozmrażać. Posmaruj zamrożone ciastka kremem i piecz przez 10 minut w temperaturze 150°F i od 10 do 12 minut w temperaturze 375°F.

# 91. Tarta Jabłkowa i Frangipane

## SKŁADNIKI:
### DLA FRANGII
- 3/4 szklanki (4 uncje) migdałów, prażonych
- 3 łyżki cukru
- 2 łyżki (1 uncja) pasty migdałowej
- 4 łyżki (2 uncje) niesolonego masła w temperaturze pokojowej
- 1 duże jajko
- 1 łyżeczka soli koszernej lub 1/2 łyżeczki drobnej soli morskiej
- 1/2 łyżeczki ekstraktu waniliowego
- 1/2 łyżeczki ekstraktu migdałowego

### DO TARTY
- 1 przepis Ciasto na tartę, schłodzone
- Mąka do obtoczenia
- 6 kwaśnych, chrupiących jabłek np. Honeycrisp, Sierra Beauty, czy Pink Lady
- Ciężki krem
- Cukier do posypania

## INSTRUKCJE:
a) Aby przygotować frangipane, włóż migdały i cukier do robota kuchennego i zmiel na bardzo drobno. Dodaj pastę migdałową, masło, jajko, sól, wanilię i ekstrakt migdałowy i mieszaj, aż uzyskasz gładką pastę.

b) Odwróć obramowaną blachę do pieczenia do góry nogami i połóż na niej kawałek pergaminu (łatwiej będzie uformować i złożyć tartę, tak aby brzeg formy nie przeszkadzał). Odłożyć na bok.

c) Przed rozpakowaniem ciasta zwiń krążek po jego krawędzi na blacie, tak aby powstał jednolity okrąg. Rozwiń ciasto i posyp blat, wałek i ciasto mąką, aby zapobiec sklejaniu się. Pracując szybko, rozwałkuj ciasto na 14-calowe koło o grubości około 1/8 cala.

d) Aby łatwiej było zwinąć ciasto w okrąg, przy każdym wałkowaniu należy obracać ciasto o ćwierć obrotu. Jeśli ciasto zacznie się kleić, ostrożnie podnieś je z blatu i w razie potrzeby dodaj więcej mąki.

e) Nawiń ciasto na wałek i ostrożnie podnieś je z blatu. Ostrożnie rozwiń go na odwróconą do góry nogami blachę wyłożoną pergaminem. Schłodzić przez 20 minut.

f) W międzyczasie pracuj nad owocami. Obierz jabłka, wydrąż gniazda nasienne i pokrój je w plasterki o grubości 1/4 cala. Skosztuj kawałka. Jeśli jabłka są naprawdę kwaśne, włóż je do dużej miski, posyp 1–2 łyżkami cukru i wymieszaj.

g) Za pomocą gumowej lub offsetowej szpatułki rozprowadź warstwę frangipanu o grubości 1/8 cala na całej powierzchni schłodzonego ciasta, pozostawiając zewnętrzne 2 cale odkryte.

h) Ułóż jabłka na frangipanie, upewniając się, że zachodzą na siebie. W miarę gotowania owoce będą się kurczyć, a nie chcesz, żeby tarta została z gołymi częściami. Aby uzyskać wzór w jodełkę, ułóż dwa rzędy plasterków jabłka pod kątem 45 stopni (upewnij się, że wszystkie są skierowane w tę samą stronę), a następnie odwróć kąt kolejnych dwóch rzędów do 135 stopni. Kontynuuj wzór, aż ciasto pokryje się owocami. Użyj dwóch różnych kolorów owoców, aby uzyskać szczególnie efektowną wizualnie tartę; tutaj użyliśmy różnych jabłek o nazwie Ruby Red na przemian z jabłkami Sierra Beauty. Zachwycają także jabłka Pink Pearl z miąższem waty cukrowej. Zielone i fioletowe śliwki, gotowana pigwa lub gruszki gotowane w czerwonym lub białym winie również mogą zapewnić piękne kolory, z którymi możesz pracować. (W przypadku użycia więcej niż jednego koloru wzór zmienia się pod kątem 45 stopni w kolor A, 45 stopni w kolor B, 135 stopni w kolor B i 135 stopni w kolor A, aby uzyskać paski.)

i) Aby utworzyć pofałdowaną skórkę, złóż zewnętrzne ciasto w górę i na siebie w odstępach 1 1/2 cala, obracając tartę. Z każdą zakładką mocno zaciśnij ciasto i dociśnij je do zewnętrznego koła owoców. Aby uzyskać bardziej rustykalny wygląd, po prostu w regularnych odstępach nakładaj ciasto na owoce. Pozostawiając ją na papierze pergaminowym, przełóż tartę z powrotem na blachę do pieczenia, teraz na wierzch, i wstaw do lodówki na 20 minut.

j) Rozgrzej piekarnik do 425°F i ustaw stojak w środkowej pozycji piekarnika. Tuż przed pieczeniem posmaruj obficie spód gęstą śmietaną i obficie posyp cukrem. Owoce również posypujemy cukrem. (Posmaruj pikantne tarty lekko roztrzepanym jajkiem i pomiń cukier. Pracując z bardzo soczystymi owocami, takimi jak rabarbar czy morele, piecz tartę przez 15 minut, a następnie posyp

owoce cukrem, co pobudzi osmozę i spowoduje płacz. Daj skórce przewagę, aby mogła stawić czoła owocom.)
k) Piec na środkowej półce piekarnika w temperaturze 200°F przez 20 minut. Następnie zmniejsz temperaturę do 400°F na kolejne 15 do 20 minut. Następnie zmniejsz temperaturę do 350–375°F (w zależności od tego, jak ciemna jest skórka) i gotuj, aż będzie gotowa, przez kolejne 20 minut. Podczas pieczenia obracaj tartę, aby równomiernie się zarumieniła. Jeżeli skórka zbyt szybko się rumieni, na tartę kładziemy luźno kawałek papieru pergaminowego i kontynuujemy pieczenie.
l) Tarta będzie gotowa, gdy owoce będą miękkie, a skórka będzie ciemnozłocista, a pod tartę można włożyć nóż do obierania i bez problemu zdjąć ją z patelni. Spód powinien być również złocisty.
m) Wyjmij z piekarnika i pozostaw do ostygnięcia na kratce przez 45 minut przed pokrojeniem. Podawać na ciepło lub schłodzone, z lodami, kremem zapachowym lub crème fraîche.
n) Przykryj i przechowuj w lodówce niezużyty frangipane przez okres do 1 tygodnia. Niezjedzoną tartę przechowuj zawiniętą w temperaturze pokojowej do 1 dnia.

## 92. Wyciśnij sok i zrób granitę

## SKŁADNIKI:
### POMARAŃCZOWA GRANITA
- 2 szklanki soku pomarańczowego
- 1/4 szklanki (1 3/4 uncji) cukru
- 6 łyżek soku z cytryny
- Szczypta soli

### KAWA GRANITA
- 2 filiżanki mocno zaparzonej kawy
- 1/2 szklanki (3 1/2 uncji) cukru
- Szczypta soli

## INSTRUKCJE:
a) Wlać powyższą mieszaninę — lub tę, którą sam wymyśliłeś — do niereaktywnego (tj. ze stali nierdzewnej, szkła lub ceramiki) naczynia lub miski.

b) Mieszanka powinna znajdować się w naczyniu na głębokość co najmniej cala. Umieścić w zamrażarce. Po około godzinie zacznij od czasu do czasu mieszać widelcem, jeśli czas pozwoli. Podczas mieszania pamiętaj, aby bardzo dobrze wymieszać bardziej zamrożone krawędzie i górną warstwę z bardziej puszystym środkiem. Im dokładniej będziesz mieszać, tym drobniejsza i bardziej jednolita konsystencja (mniej lodowata) będzie gotowa Granita.

c) Zamrozić Granitę do całkowitego zamrożenia, około 8 godzin. Mieszaj co najmniej trzy razy w trakcie procesu zamrażania, a następnie tuż przed podaniem dokładnie zeskrob Granitę, aż uzyska konsystencję pokruszonego lodu.

d) Podawać z lodami lub porcją kremu zapachowego, według uznania. Przechowywać pod przykryciem w zamrażarce do tygodnia.

## 93. Ciasto czekoladowe o północy

**SKŁADNIKI:**

- 1/2 szklanki (2 uncje) kakao w proszku holenderskiego, najlepiej Valrhona
- 1 1/2 szklanki (10 1/2 uncji) cukru
- 2 łyżeczki soli koszernej lub 1 łyżeczka drobnej soli morskiej
- 1 3/4 szklanki (9 1/4 uncji) mąki uniwersalnej
- 1 łyżeczka sody oczyszczonej
- 2 łyżeczki ekstraktu waniliowego
- 1/2 szklanki oleju o neutralnym smaku
- 1 1/2 szklanki wrzącej wody lub świeżo zaparzonej mocnej kawy
- 2 duże jajka w temperaturze pokojowej, lekko ubite
- 2 szklanki kremu waniliowego

**INSTRUKCJE:**
a) Rozgrzej piekarnik do 350°F. Ustaw ruszt w górnej jednej trzeciej części piekarnika.
b) Nasmaruj tłuszczem dwie 8-calowe formy do ciasta, a następnie wyłóż je pergaminem. Natłuszczamy i posypujemy obficie mąką, nadmiar strzepujemy i odstawiamy.
c) W średniej misce wymieszaj kakao, cukier, sól, mąkę i sodę oczyszczoną, a następnie przesiej do dużej miski.
d) W średniej misce wymieszaj wanilię i olej. Zagotuj wodę lub zaparz kawę. Dodaj go do mieszanki olejowo-waniliowej.
e) Zrób wgłębienie na środku suchych składników i stopniowo dodawaj mieszaninę wody i oleju, aż się połączy. Stopniowo wbijaj jajka i mieszaj, aż masa będzie gładka. Ciasto będzie cienkie.
f) Rozłóż ciasto równomiernie pomiędzy przygotowanymi foremkami. Opuść patelnię na blat kilka razy z wysokości 3 cali, aby uwolnić wszelkie pęcherzyki powietrza, które mogły się utworzyć.
g) Piec w górnej jednej trzeciej części piekarnika przez 25 do 30 minut, aż ciastka odskoczą od dotyku i po prostu odejdą od krawędzi formy. Włożona wykałaczka powinna wyjść czysta.
h) Ciasta całkowicie ostudź na metalowej kratce, a następnie wyjmij je z formy i zdejmij papier pergaminowy. Aby podać, połóż jedną warstwę na talerzu do ciasta. Rozsmaruj 1 szklankę kremu waniliowego na środku ciasta i delikatnie połóż na nim drugą warstwę. Pozostałą część kremu wyłóż na środek górnej warstwy i schładzaj do 2 godzin przed podaniem.
i) Alternatywnie posmaruj lukrem z serka śmietankowego, podawaj z lodami lub po prostu posyp ciastka kakao w proszku lub cukrem pudrem. Z ciasta można też zrobić fantastyczne babeczki!
j) Ciasno zawinięte ciasto można przechowywać przez 4 dni w temperaturze pokojowej lub przez 2 miesiące w zamrażarce.

## 94. Ciasto ze świeżym imbirem i melasą

**SKŁADNIKI:**
- 1 szklanka (4 uncje) obranego, cienko pokrojonego świeżego imbiru (około 5 uncji nieobranego)
- 1 szklanka (7 uncji) cukru
- 1 szklanka oleju o neutralnym smaku
- 1 szklanka melasy
- 2 1/3 szklanki (12 uncji) mąki uniwersalnej
- 1 łyżeczka mielonego cynamonu
- 1 łyżeczka mielonego imbiru
- 1/2 łyżeczki zmielonych goździków
- 1/4 łyżeczki świeżo zmielonego czarnego pieprzu
- 2 łyżeczki soli koszernej lub 1 łyżeczka drobnej soli morskiej
- 2 łyżeczki sody oczyszczonej
- 1 szklanka wrzącej wody
- 2 duże jajka w temperaturze pokojowej
- 2 szklanki kremu waniliowego

**INSTRUKCJE:**

a) Rozgrzej piekarnik do 350°F. Ustaw ruszt w górnej jednej trzeciej części piekarnika. Nasmaruj tłuszczem dwie 9-calowe foremki do ciasta, a następnie wyłóż je pergaminem. Natłuszczamy i posypujemy obficie mąką, nadmiar strzepujemy i odstawiamy.

b) Zmiksuj świeży imbir i cukier razem w robocie kuchennym lub blenderze, aż uzyskasz całkowicie gładką masę, około 4 minut. Wlać mieszaninę do średniej miski, dodać olej i melasę. Wymieszaj do połączenia i odłóż na bok.

c) W średniej misce wymieszaj mąkę, cynamon, imbir, goździki, pieprz, sól i sodę oczyszczoną, a następnie przesiej do dużej miski. Odłożyć na bok.

d) Wlać wrzącą wodę do mieszaniny cukru i oleju, aż składniki połączą się równomiernie.

e) Zrób wgłębienie na środku suchych składników i stopniowo dodawaj mieszaninę wody i oleju, aż się połączy. Stopniowo wbijaj jajka i mieszaj, aż masa będzie gładka. Ciasto będzie cienkie.

f) Rozłóż ciasto równomiernie pomiędzy przygotowanymi foremkami. Opuść patelnię na blat kilka razy z wysokości 3 cali, aby uwolnić wszelkie pęcherzyki powietrza, które mogły się utworzyć.

g) Piec w górnej części piekarnika przez 38 do 40 minut, aż ciastka odskoczą od dotyku i po prostu odejdą od krawędzi formy. Włożona wykałaczka powinna wyjść czysta.

h) Ciasta całkowicie ostudź na metalowej kratce, a następnie wyjmij je z formy i zdejmij papier pergaminowy.

i) Aby podać, połóż jedną warstwę na talerzu do ciasta. Rozsmaruj 1 szklankę kremu waniliowego na środku ciasta i delikatnie połóż na nim drugą warstwę. Pozostałą część kremu wyłóż na środek górnej warstwy i schładzaj do 2 godzin przed podaniem.

j) Alternatywnie posmaruj lukrem z serka śmietankowego, podawaj z lodami lub po prostu posyp ciasta cukrem pudrem. Z ciasta można też zrobić fantastyczne babeczki!

k) Ciasno zawinięte ciasto można przechowywać przez 4 dni w temperaturze pokojowej lub przez 2 miesiące w zamrażarce.

# 95. Ciasto herbaciane z migdałami i kardamonem

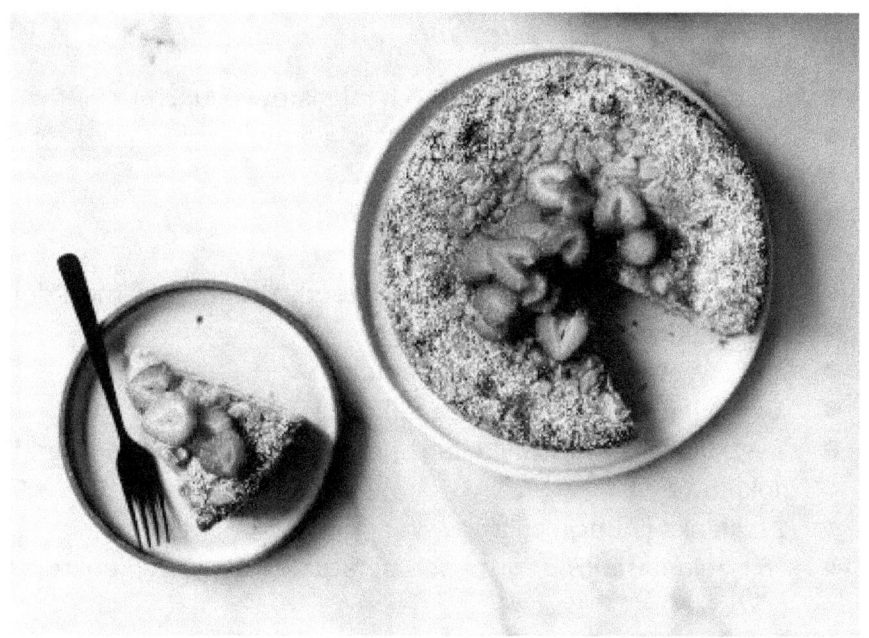

## SKŁADNIKI:
### DO polewy migdałowej
- 4 łyżki masła (2 uncje)
- 3 łyżki cukru
- 1 niepełna filiżanka pokrojonych migdałów (3 uncje)
- Szczypta soli płatkowej, takiej jak Maldon

### NA CIASTO
- 1 szklanka (5 1/4 uncji) mąki tortowej
- 1 łyżeczka proszku do pieczenia
- 1 łyżeczka soli koszernej lub 1/2 łyżeczki drobnej soli morskiej
- 1 łyżeczka ekstraktu waniliowego
- 2 1/2 łyżeczki mielonego kardamonu
- 4 duże jajka w temperaturze pokojowej
- 1 szklanka pasty migdałowej (9 1/2 uncji) w temperaturze pokojowej
- 1 szklanka (7 uncji) cukru
- 16 łyżek masła (8 uncji) w temperaturze pokojowej, pokrojonego w kostkę

## INSTRUKCJE:
a) Rozgrzej piekarnik do 350°F. Ustaw ruszt w górnej jednej trzeciej części piekarnika. Okrągłą foremkę do ciasta o wymiarach 9 na 2 cale posmaruj masłem i mąką, a następnie wyłóż papierem pergaminowym.

b) Zrób nadzienie migdałowe. W małym rondlu ustawionym na średnim ogniu gotuj masło z cukrem przez około 3 minuty, aż cukier całkowicie się rozpuści, a masło zacznie tworzyć bąbelki i pianę. Zdjąć z ognia i wymieszać z pokrojonymi migdałami i płatkami soli. Wlać tę mieszaninę do tortownicy i za pomocą gumowej szpatułki rozprowadzić ją równomiernie na dnie formy.

c) Na ciasto przesiej mąkę, proszek do pieczenia i sól na kawałek papieru pergaminowego, aby równomiernie je połączyć i usunąć wszelkie grudki. Odłożyć na bok.

d) W małej misce dokładnie wymieszaj wanilię, kardamon i jajka. Odłożyć na bok.

e) Umieść pastę migdałową w misie robota kuchennego i potrząśnij kilka razy, aby ją rozbić. Dodaj 1 szklankę cukru i miksuj przez 90 sekund lub do momentu, aż mieszanina będzie drobna jak piasek. Jeśli nie masz robota kuchennego, zrób to w mikserze stojącym — zajmie to tylko trochę więcej czasu, około 5 minut.
f) Dodaj masło i kontynuuj ubijanie, aż mieszanina będzie bardzo lekka i puszysta, co najmniej 2 minuty. Zatrzymaj się i zeskrob ze ścianek miski, aby mieć pewność, że wszystko zostało równomiernie połączone.
g) Przy włączonym urządzeniu powoli zacznij dodawać masę jajeczną, łyżka po łyżce, tak jakbyś robił majonez (w rzeczywistości jest to emulsja!). Przed dodaniem kolejnych jaj poczekaj, aż każde dodane jajko zostanie wchłonięte, a mieszanina odzyska gładki, jedwabisty wygląd. Po dodaniu wszystkich jaj zatrzymaj się i zeskrob boki miski gumową szpatułką, a następnie kontynuuj mieszanie, aż składniki dobrze się połączą. Ciasto przełóż do dużej miski.
h) Weź papier pergaminowy i posyp nim ciasto mąką w trzech partiach. Delikatnie dodawaj mąkę pomiędzy dodawaniami, aż się połączy. Unikaj nadmiernego mieszania, ponieważ ciasto stanie się twarde.
i) Wlać ciasto do przygotowanej formy i piec na przygotowanej kratce przez 55 do 60 minut lub do momentu, aż wbita wykałaczka będzie sucha. Po upieczeniu ciasto po prostu zacznie odchodzić od brzegów formy. Pozostaw ciasto do ostygnięcia na metalowej kratce. Przesuń nożem po bokach patelni, a następnie rozgrzej dno patelni bezpośrednio nad płytą kuchenną przez kilka sekund, aby ciasto się rozformowało. Zdejmij papier i połóż na talerzu do momentu podania.
j) Podawaj to ciasto samo lub z kompotem z jagód lub owoców pestkowych i kremem waniliowym lub kardamonowym.
k) Ciasno zawinięte ciasto można przechowywać przez 4 dni w temperaturze pokojowej lub przez 2 miesiące w zamrażarce.

## 96.Budyń Gorzkiej Czekoladki

**SKŁADNIKI:**

- 4 uncje słodko-gorzkiej czekolady, grubo posiekanej
- 3 duże jajka
- 3 szklanki pół na pół
- 3 łyżki (3/4 uncji) skrobi kukurydzianej
- 1/2 szklanki + 2 łyżki (5 uncji) cukru
- 3 łyżki (nieco ponad 1/2 uncji) kakao w proszku
- 1 1/4 łyżeczki soli koszernej lub czubata 1/2 łyżeczki drobnej soli morskiej

**INSTRUKCJE:**

a) Czekoladę włóż do dużej, żaroodpornej miski i ustaw nad nią sito o drobnych oczkach. Odłożyć na bok.
b) Jajka wbij do średniej miski i lekko ubij. Odłożyć na bok.
c) Wlać pół na pół do średniego rondla i ustawić na małym ogniu. Zdjąć z ognia w chwili, gdy zaczyna wydzielać się para i doprowadzić do wrzenia. Nie pozwól, aby się zagotowało – gdy nabiał się zagotuje, jego emulsja pęka, a białka koagulują. Konsystencja kremu z gotowanego nabiału nigdy nie będzie całkowicie gładka.
d) W misce wymieszaj mąkę kukurydzianą, cukier, kakao w proszku i sól. Wmieszać ciepłe pół na pół. Włóż mieszaninę z powrotem do garnka i postaw na średnim ogniu.
e) Gotuj, ciągle mieszając gumową szpatułką, przez około 6 minut, aż mieszanina wyraźnie zgęstnieje. Zdjąć z ognia. Aby sprawdzić, czy mieszanina jest wystarczająco gęsta, na grzbiecie łyżki narysuj palcem linię przechodzącą przez budyń. Powinno trzymać linię.
f) Powoli dodaj około 2 szklanek gorącej mieszanki budyniowej do jajek, ciągle mieszając, a następnie włóż wszystko z powrotem do garnka i postaw na małym ogniu. Kontynuuj ciągłe mieszanie, gotuj przez kolejną minutę, aż mieszanina ponownie wyraźnie zgęstnieje lub termometr pokaże 208°F. Zdejmij z ognia i przelej przez sito. Za pomocą małej chochli lub gumowej szpatułki przeprowadź budyń przez sito.
g) Pozwól, aby ciepło resztkowe rozpuściło czekoladę. Użyj blendera (lub blendera ręcznego, jeśli go posiadasz), aby dokładnie wymieszać, aż mieszanina będzie satynowa i gładka. Posmakuj i w razie potrzeby dopraw solą.
h) Natychmiast rozlać do 6 oddzielnych filiżanek. Delikatnie dotknij dnem każdej filiżanki o blat, aby wypuścić pęcherzyki powietrza. Pozwól budyniowi ostygnąć. Podawać w temperaturze pokojowej, udekorowane kremem zapachowym.
i) Przechowywać w lodówce, pod przykryciem, do 4 dni.

# 97. Panna Cotta na maślance

**SKŁADNIKI:**

- Olejek o neutralnym smaku
- 1 1/4 szklanki ciężkiej śmietanki
- 7 łyżek stołowych (3 uncje) cukru
- 1/2 łyżeczki soli koszernej lub 1/4 łyżeczki drobnej soli morskiej
- 1 1/2 łyżeczki niesmakowanej żelatyny w proszku
- 1/2 laski wanilii przeciętej wzdłuż
- 1 3/4 szklanki maślanki

**INSTRUKCJE:**

a) Używając pędzla do ciasta lub palców, delikatnie posmaruj olejem wnętrze sześciu foremek o pojemności 6 uncji, małych misek lub filiżanek.

b) W małym rondelku umieść śmietanę, cukier i sól. Zeskrob ziarenka z laski wanilii na patelnię i dodaj również fasolę.

c) Do małej miski wlej 1 łyżkę zimnej wody i delikatnie posyp żelatyną. Odstawić na 5 minut do rozpuszczenia.

d) Delikatnie podgrzej śmietanę na średnim ogniu, mieszając, aż cukier się rozpuści, a ze śmietanki zacznie unosić się para, około 4 minut (nie pozwól, aby śmietanka się zagotowała – dezaktywuje to żelatynę, jeśli zrobi się za gorąco). Zmniejsz ogień do bardzo niskiego, dodaj żelatynę i mieszaj, aż cała żelatyna się rozpuści, około 1 minuty. Zdjąć z ognia i dodać maślankę. Przecedź przez sito o drobnych oczkach do miarki z dzióbkiem.

e) Wlać mieszaninę do przygotowanych kokilek, przykryć folią i przechowywać w lodówce do stwardnienia, co najmniej 4 godziny lub przez noc.

f) Aby wyjąć z formy, zanurz kokilki w naczyniu z gorącą wodą, a następnie przełóż krem na talerze. Udekoruj kompotem z cytrusów, jagód lub owoców pestkowych.

g) Można przygotować nawet 2 dni wcześniej.

## 98. Bezy Marshmallow

**SKŁADNIKI:**
- 4 1/2 łyżeczki (1/2 uncji) skrobi kukurydzianej
- 1 1/2 szklanki (10 1/2 uncji) cukru
- 3/4 szklanki (6 uncji / około 6 dużych) białek jaj w temperaturze pokojowej
- 1/2 łyżeczki kremu z kamienia nazębnego
- Szczypta soli
- 1 1/2 łyżeczki ekstraktu waniliowego

**INSTRUKCJE:**
a) Rozgrzej piekarnik do 250°F. Dwie blachy do pieczenia wyłóż papierem pergaminowym.
b) W małej misce wymieszaj skrobię kukurydzianą i cukier.
c) W misie miksera wyposażonego w końcówkę do ubijania (jeśli nie masz miksera stojącego, możesz użyć elektrycznego miksera ręcznego z końcówką do ubijania) ubij białka, krem kamienny i sól. Zaczynając od niskiej prędkości, powoli zwiększaj ją do średniej, aż smugi zaczną być widoczne, a bąbelki z białek jaj staną się bardzo małe i jednolite, zajmuje to około 2–3 minut. Nie spiesz się tutaj.
d) Zwiększ prędkość do średnio-wysokiej, powoli i stopniowo dodając mieszaninę cukru i skrobi kukurydzianej. Kilka minut po dodaniu cukru powoli dodawaj wanilię. Nieznacznie zwiększ prędkość i ubijaj, aż beza będzie błyszcząca, a po podniesieniu trzepaczki utworzą się sztywne szczyty (3 do 4 minut).
e) Na pergamin nałóż łyżką wielkości piłeczki golfowej bezę, drugą łyżką zeskrobując ją z łyżki. Poruszaj nadgarstkiem, aby uformować nieregularne szczyty na wierzchu każdej bezy.
f) Wsuń blachy do pieczenia do piekarnika i obniż temperaturę do 225°F.
g) Po 25 minutach obróć patelnie o 180 stopni i zamień ich położenie na rusztach. Jeśli bezy nabierają koloru lub pękają, obniż temperaturę do 200°F.
h) Kontynuuj pieczenie przez kolejne 20 do 25 minut, aż bezy z łatwością odejdą od papieru, wierzch będzie chrupiący i suchy w dotyku, a środek będzie naddopiankowy. Po prostu spróbuj jednego, aby sprawdzić!
i) Delikatnie zdejmij bezy z blachy i ostudź na metalowej kratce.
j) Będą przechowywane w szczelnie zamkniętym pojemniku w temperaturze pokojowej lub indywidualnie zapakowane przez okres do tygodnia, jeśli Twój dom nie jest wilgotny.

## 99. Pachnący krem

## SKŁADNIKI:

- 1 szklanka gęstej śmietany, schłodzonej
- 1 1/2 łyżeczki granulowanego cukru
- Dowolne opcje smakowe

## INSTRUKCJE:

a) Przed rozpoczęciem schłodź dużą, głęboką metalową misę (lub misę stojącego miksera) i trzepaczkę (lub nasadkę do ubijania) w zamrażarce na co najmniej 20 minut. Gdy miska ostygnie, przygotuj śmietanę z wybranym aromatem zgodnie z poniższymi wskazówkami, a następnie dodaj cukier.

b) Ubijaj, aż pojawią się pierwsze miękkie szczyty. Jeśli używasz maszyny, zmień trzepaczkę na ręczną i kontynuuj ubijanie, aż cała płynna śmietanka zostanie wchłonięta, a konsystencja kremu będzie jednolicie miękka i puszysta.

c) Posmakuj i dostosuj słodycz i aromat według uznania. Przechowywać schłodzone aż do podania.

d) Resztki przykryj i przechowuj w lodówce do 2 dni. W razie potrzeby użyj trzepaczki, aby przywrócić puszystą śmietankę do miękkiego szczytu.

# 100. słony sos karmelowy

## SKŁADNIKI:

- 6 łyżek (3 uncje) niesolonego masła
- 3/4 szklanki cukru (5 1/4 uncji)
- 1/2 szklanki gęstej śmietanki
- 1/2 łyżeczki ekstraktu waniliowego
- Sól

## INSTRUKCJE:

a) Rozpuść masło w głębokim, wytrzymałym rondlu na średnim ogniu. Dodaj cukier i zwiększ ogień do maksymalnego. Nie martw się, jeśli mieszanina rozdzieli się i będzie wyglądać na zepsutą. Zachowaj wiarę – ona się zbierze. Mieszaj, aż mieszanina ponownie się zagotuje, a następnie przestań mieszać. Gdy karmel zacznie nabierać koloru, ostrożnie poruszaj patelnią, aby równomiernie się zarumienił.

b) Gotuj, aż cukier nabierze głęboko złocistego koloru i ledwo zacznie dymić, około 10 do 12 minut.

c) Zdjąć z ognia i od razu dodać śmietanę. Należy zachować ostrożność, ponieważ bardzo gorąca mieszanina zacznie gwałtownie wrzeć i może się rozpryskiwać. Jeśli pozostały grudki karmelu, delikatnie wymieszaj sos na małym ogniu, aż się rozpuszczą.

d) Ochłodzić karmel do letniego, następnie doprawić wanilią i dużą szczyptą soli. Wymieszaj, posmakuj i w razie potrzeby dopraw solą. Karmel zgęstnieje w miarę ostygnięcia.

e) Resztki przykryj i przechowuj w lodówce do 2 tygodni. Podgrzej delikatnie w kuchence mikrofalowej lub mieszając w rondlu na bardzo małym ogniu.

# WNIOSEK

Kończąc naszą eksplorację „Książki kucharskiej „Sól, tłuszcz, kwas, ciepło", mamy nadzieję, że lepiej zrozumieliście i doceniliście transformacyjną moc tych czterech niezbędnych elementów w gotowaniu. Sól, tłuszcz, kwas i ciepło to nie tylko składniki; stanowią podstawę, na której buduje się wspaniałe dania. Kontynuując swoją kulinarną podróż, niech wiedza i umiejętności zdobyte w tej książce kucharskiej pozwolą Ci tworzyć dania, które będą nie tylko pyszne, ale także naprawdę niezapomniane.

Kiedy przewracasz ostatnie strony tej książki kucharskiej i aromat Twojego najnowszego kulinarnego dzieła wypełnia powietrze, wiedz, że podróż na tym się nie kończy. Wykorzystaj zasady soli, tłuszczu, kwasu i ciepła w codziennym gotowaniu, eksperymentuj z nowymi technikami i kombinacjami smaków i pozwól swojej kreatywności zabłysnąć, odkrywając nieskończone możliwości tych czterech żywiołów.

Dziękujemy, że dołączyłeś do nas w tej aromatycznej podróży przez świat soli, tłuszczu, kwasu i ciepła. Niech w Twojej kuchni zagości skwierczenie smażących się patelni, zapach świeżo zmielonych przypraw i satysfakcja z tworzenia dań, które cieszą zmysły i odżywiają duszę. Do ponownego spotkania, miłego gotowania i smacznego!

www.ingramcontent.com/pod-product-compliance
Lightning Source LLC
Chambersburg PA
CBHW070651120526
44590CB00013BA/920